你好，中文（第一册）

Hello Chinese (Book I)

主编：王骏安娜

编写：李娜 杨玲 张菁 王涵
郭佳佳 刘进 汪芮 林玲

英文审读：Misti McDaniel
Philip Kittower

插图：吴迪

上海交通大學出版社
SHANGHAI JIAO TONG UNIVERSITY PRESS

内容提要

《你好,中文》系列教材是专为短期汉语学习者设计的零起点任务型口语教材。除纸质教材外,本套教材配有相应的数字化教学资源,包括 APP、MP3 录音资源、教学 PPT 及在线课程(UOOC)等,能显著增强教材的适用性和吸引力,同时也能更好地贯彻国家教育信息化改革的理念,提高教材影响力。第一册总计 15 课,围绕常见的 15 个生活场景展开,帮助学习者解决最迫切的交际问题。

图书在版编目(CIP)数据

你好,中文. 第一册 / 王骏,安娜主编. -- 上海 : 上海交通大学出版社,2016(2025重印)
ISBN 978-7-313-15684-6

Ⅰ. ①你… Ⅱ. ①王… ②安… Ⅲ. ①汉语—对外汉语教学—教材 Ⅳ. ①H195.4

中国版本图书馆CIP数据核字(2016)第192465号

你好,中文(第一册)

主　　编:王　骏　安　娜
出版发行:上海交通大学出版社
邮政编码:200030
印　　制:上海新华印刷有限公司
开　　本:889mm×1194mm　1/16
字　　数:251 千字
版　　次:2016 年 9 月第 1 版
书　　号:ISBN 978-7-313-15684-6
定　　价:88.00 元

地　　址:上海市番禺路 951 号
电　　话:021-64071208
经　　销:全国新华书店
印　　张:19.75
印　　次:2025 年 8 月第 4 次印刷
音像书号:ISBN 978-7-88941-093-9

致中文教师

《你好,中文》系列教材是专为短期汉语学习者设计的零起点任务型口语教材。我们希望通过这套教材的出版发行,解决目前同类教材较少顾及的几个难题:

(一)短期教材应着重听、说能力的训练,但读、写能力是后续学习的关键。尤其是欧美学习者认读汉字普遍存在困难,但又大多不愿放弃对汉字的学习。如何同时满足想学好汉字和只有口语学习需要的这两类学习者的需求?

(二)各类短期教学项目的课时量有较大不同,且这些短期学习者有可能在将来转入长期教学班中学习,因此短期教材的容量设计及其与长期教材的衔接至关重要。

(三)如何平衡语言教学更加注重语言内容的发展趋势和汉语教学语法体系的完整呈现?

(四)如何兼顾校园和社会的内容,真实生动地反映大部分学习者的生活经历?

(五)如何将多媒体和移动互联网技术融入课堂,提高教学效率?

(六)最重要的是,如何成为一部使学习者爱上汉语学习的寓教于乐的教材?

为了解决这些难题,本教材采用了以下这些设计方式:

(一)教材采用任务型理念编写,第一册的课文全部为会话体,第二册则兼有对话和短文两种形式。课文及练习全部配有拼音。汉字的教学不采用随文识字的方式,而是在每一课的结尾处选取该课出现的最重要(常用)的15个汉字作为新出汉字,供有汉字学习需求的欧美学习者学习掌握并积累。学完全部两册教材的学习者能掌握近500个常用汉字,相当于在长期班中学完初级(上)的水平。而对于因为时间有限而无力学习汉字的学习者,则可以脱离汉字部分学习本教材。

(二)教材围绕30个常见的生活场景展开,将学习者最迫切需要掌握的会话情景安排在尽量靠前的位置,即使学习者只有20课时(小时)的学习时间,也能在口头交际能力上有所收获。而两册书的全部内容可满足多达120课时的教学项目需要,并使学习者达到初级(下)的水平。

(三)教材每一课都利用图片、预置知识("你知道吗?"部分)及场景创设等手段尽可能地扩充词汇量,保证课文内容真实自然。另一方面,编写时参考新HSK语法及词汇大纲,基本覆盖主要语言点以及1-3级词汇。教材末尾有生词、汉字及主要句型的汇总。学完两册的学习者在后续学习中将不会出现语言知识方面的欠缺。

（四）教材中出现的人物既有中外学生，也有职场人员。通过这些人物在学习、生活、工作中的种种互动，使得学习者在真实的情境中了解汉语和中国。

（五）本教材的课文和练习都配有图片及音频文件，此外还有配套电子教案，能实现汉字笔顺展示等实用功能（请至出版社官网：jiaodapress. com. cn“资源下载”区下载）。通过安装配套的手机 App（扫描封底二维码），学习者可以随时随地在线学习。

（六）本教材为全彩设计，四个主要人物有详细的背景设定和性格特点，课文内容有一定的关联性，练习则尽量做到图文并茂。全书贯彻任务型教学法“在做中学”的理念，鼓励学习者在课堂中多进行有意义的合作和互动。教师则可利用形式多样的配套资源，针对不同的学习者进行教学设计，保证其学习积极性，并获得实质性的语言能力进步。

（七）与本教材配套的在线汉语课程“Mandarin Chinese”已在 www. coursera. org 发布。该课程不仅能帮助学习者自学，也能帮助汉语教师利用“翻转课堂”（Flipped Classroom）进行教学。

《你好，中文》初级共分两册，总计 30 篇课文，每篇课文基本按 3 – 4 课时的容量设计，共覆盖 30 个常用生活情境、50 个常用语法点、500 个左右的识字量和 800 个左右的词汇量，学完两册的学习者能达到相当于新 HSK3 级的水平。

王　骏　安　娜

2016 年春于上海交大徐汇校区

注：本教材所用插图大部分为专人手绘图片，著作权归本书编写组所有；个别插图来源于网络，因著作权人联系方式不详，未能及时联系，敬请谅解。若著作权人发现本教材使用了其拥有著作权的作品时，请主动与本教材责任编辑联系，我们将及时处理。

To Chinese Learners

Welcome to use the *Hello Chinese* Series. Following a task-based approach, these course books are specially designed for the short-term, beginning learners of mandarin Chinese. We are trying to bring you the following learning experience:

1. The course books are based on the theory of Task Based Language Teaching (TBLT). Book 1 uses dialogue as the only form of text, while book 2 adds short essay as the other format. All the texts and exercises are accompanied with pinyin (alphabetic spelling system of Chinese). If you are a western learner, please note that this series don't need you to master every Chinese character in the text. Instead, you are only to memorize 15 most commonly used characters each lesson (which are listed at the end of each lesson). With the accumulation over time, if you can finish the two books, you will be able to know about 500 characters, which equates to the proficiency of those who stay in a full-time Chinese course for half a year. If you are not interested in learning Chinese characters at the moment, you may simply go through this series without the characters.

2. *Hello Chinese* demonstrates 30 real-life situations. We try to place the most urgent situations for language learners in the earlier part of the books, therefore even if you have only 20 hours of learning, you should still achieve a certain level of oral proficiency. If you can finish learning both books (which takes about 120 hours), you will reach the level of elementary-high.

3. Every chapter in this series uses pictures and other pre-task forms (as shown in the "Do you know? " part) to enlarge the learners' vocabulary, so as to ensure the contents of the books are natural and authentic. Meanwhile, we strictly followed the HSK grammar and vocabulary syllabus and tried to cover all the major language points and vocabulary from level 1 to level 3. At the end of the books, summaries of vocabulary, Chi-

nese characters and main sentence patterns are presented. We believe this program is thorough and well thought out.

4. The figures in this series include both Chinese/foreign students and ordinary people. Through the interactions of these people in their daily life, you will get to know China and Chinese language in an authentic context.

5. There are pictures and audio clips to accompany the texts and exercises. If you install the companion App (scan the QR code on the back cover) in your cell phone, you will be able to review and practice after you complete each lesson.

6. *Hello Chinese* is a full color course book with 4 main characters rendered with detailed backgrounds and distinct personalities. The stories in different lessons are somewhat inter-related, and we also try to mix text and pictures in the exercises to make them fun. We want to implement the idea of "learning by doing" in the book, and the learners are encouraged to make meaningful cooperation and communication in the classroom. We wish this series to become an easy-to-learn and fun textbook of Mandarin Chinese.

7. An online course of *Mandarin Chinese* has been released on www. coursera. org. With its help you will be able to learn this book all by yourself when you are unable to attend a real class.

Currently *Hello Chinese* has two volumes including 30 lessons in total and each lesson requires 3 – 4 hours learning time. The whole series cover 30 real life situations, 50 most common language points, 500 Chinese characters and about 1000 new words. By completing the two books, you will reach the proficiency of HSK level 3.

Mù Lù

目录 Contents

Yǔyīn

语音 Phonetics

Yīnjié

音节 Syllables

In Chinese, a syllable is composed of an initial, a final and a tone. For example: in the syllable "nǐ", "n" is the initial, "i" is the final, and "ˇ" is the tone.

syllable		initial	final			tone
ā	→			a		ˉ
bá	→	b		a		ˊ
bǎo	→	b		a	o	ˇ
piào	→	p	i	a	o	ˋ

Dān yùnmǔ

单韵母 Simple Finals

a o e i u ü

Shēngdiào
声调 Tones

sìshēng
1. 四声 Four tones

The four tones are high level, rising, falling – rising and falling. Different tones have different meanings.

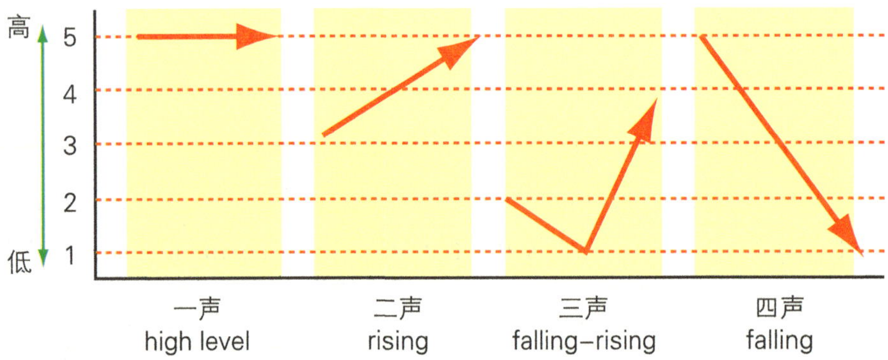

qīngshēng
2. 轻声 Neutral tone

The neutral tone is light and short, and it has no tone – marker.

liànxí
练习 Practice

bàba　　māma　　zhuōzi　　nǐmen

Shēngmǔ
声母 Initials

There are 21 initials in Chinese, and they can be divided into 6 groups according to the positions of articulation.

1～3	b	p	m	f	d	t	n	l	g	k	h
4	j	q	x								
5	zh	ch	sh	r							
6	z	c	s								

Fù yùnmǔ、Bí yùnmǔ hé Tèshū yùnmǔ
复韵母、鼻韵母和特殊韵母 Compound Finals, Nasal Finals and Special Finals

fù yùnmǔ
1. 复韵母 Compound Finals

ai	ei	ao	ou	
ia	ie	ua	uo	üe
uai	uei（ui）	iao	iou（iu）	

liànxí
练习 Practice

bái	māo	hēi	gǒu
qiū	piào	yā	xiè
yuē	wā	huǒ	yāo
xiù	duì	wāi	guó

bí yùnmǔ
2. 鼻 韵母 Nasal Finals

an	ang	en	eng
in	ing	ian	iang
uan	uang	uen（un）	ueng
üan	ün	ong	iong

liànxí
练习 Practice

fān	páng	yàng	wāng
huàn	yuán	fēn	néng
wēng	hóng	xióng	quán
yīn	tīng	wèn	yún

tèshū yùnmǔ
3. 特殊 韵母 Special Finals

-i [ɿ] and -i [ʅ]

-i [ɿ]: follows "z/ c /s", and is different from the regular "i".

-i [ʅ]: follows "zh/ ch /sh / r", and is different from the regular "i".

liànxí
练习 Practice

i（前音）	zǐ	cī	sì	
i（后音）	zhī	chí	shǐ	rì

er

liànxí
练习 Practice

érzi　　nǚér　　ěrduo　　dì' èr

Biàndiào
变调 Changes of Tone

sānshēng biàndiào
1. 三声 变调 Change of the third tone

When there are two third – tone syllables together, the first syllable should be pronounced with the second tone while the second syllable stays unchanged.

∨ + ∨ → / + ∨ nǐhǎo (你好)→níhǎo

When a third tone followed by a first, second or fourth tone, or neutral tone, it is pronounced in the "half" third tone . That is, the tone only falls but doesn't rise.

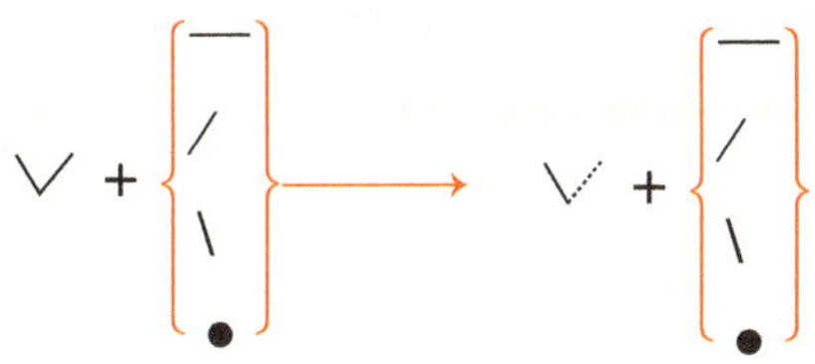

"yī" de biàndiào
2. "一" 的 变调 Change of the tone for "yi"

Originally "一(yī)" is pronounced in the first tone, and it remains unchanged. But when used before a fourth tone, it changes into a second tone. And before a first, second or a third tone syllable, it changes into a fourth tone.

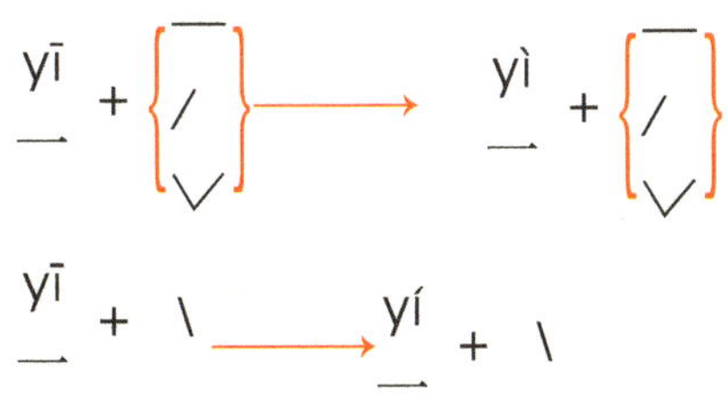

liànxí
练习 Practice

yìtiān yìnián yìqǐ yíbàn

“bù” de biàndiào
3. “不”的 变调 Change of the tone for “bu”

“不(bù)” is pronounced with a second tone when used before a fourth tone. When used alone, or before a first, second or third tone, it remains the original tone (the fourth tone).

bù 不 + { ˉ / ˊ / ˇ } → bù 不 + { ˉ / ˊ / ˇ }

bù 不 + ˋ → bú 不 + ˋ

liànxí
练习 Practice

bùchī　　bùxíng　　bùhǎo　　búyào

Érhuàyùn
儿化韵 Retroflexed Ending

“er” is written as “r” if it appears as a retroflex ending after other finals, e. g. na’er → nar (where), wan er → wanr (to have fun).

nǎ 哪 + ér 儿 → nǎr 哪儿

nà 那 + ér 儿 → nàr 那儿

liànxí
练习 Practice

huār　　yìdiǎnr　　hǎowánr　　yíhuìr

Pīnyīn guīzé
拼音规则 Spelling Rules

i, u, ü dāndú zuò yīnjié
1. i、u、ü 单独 做 音节 i, u, ü can respectively form syllables alone

When "i" forms a syllable by itself, it is written as "yi", "u" is written as "wu", "ü" is written as "yu".

i ⟶ yi
u ⟶ wu
ü ⟶ yu

yǐ i kāitóu de yùnmǔ
2. 以 i 开头 的 韵母 Finals beginning with "i"

Finals beginning with "i": when used without an initial, "i" is written as "y".

ia ⟶ ya
iao ⟶ ya
ian ⟶ yan
iong ⟶ yong

yǐ u kāitóu de yùnmǔ
3. 以 u 开头 的 韵母 Finals beginning with "u"

Finals beginning with "u": when used without an initial, "u" is written as "w".

ua ⟶ wa
uai ⟶ wai
uan ⟶ wan
uang ⟶ wang

yǐ ü kāitóu de yùnmǔ
4. 以 ü 开头 的 韵母 Finals beginning with "ü"

Finals beginning with "ü": when used without an initial, "y" should be added before "ü", and the two dots over "ü" are dropped.

üe ⟶ yue

ün ⟶ yun

üan ⟶ yuan

ü zài j, q, x, y, qián xiě zuò u
5. ü 在 j、q、x、y、前 写 作 u

"ü" is written as "u" when used before "j", "q", "x" or "y"

When "j", "q", "x", "y" are put before "ü" or a final begins with "ü", the two dots over "ü" are dropped.

jü ⟶ ju

qü ⟶ qu

xü ⟶ xu

yü ⟶ yu

iou, uei, uen de pīnxiě guīzé
6. iou、uei、uen 的 拼写 规则 Spelling rules of "iou", "uei", "uen"

When used after an initial, "iou", "uei", "uen" should be written as "iu", "ui", "un".

niou ⟶ niu

huei ⟶ hui

luen ⟶ lun

Zōnghé liànxí

综合 练习 Comprehensive Practice

1. 四声组合 Combinations

gēnggǎi	gāngqín	sīxiǎng	chénggōng
xiāngcháng	liúxíng	niúnǎi	huìyì
kèběn	gùxiāng	gàobié	diàoxiāo
tiàowǔ	yīnyuè	lìshǐ	bìyè

2. 发音难点 Challenge Words

zhǎngshēng	zhāoshǒu	chēzhàn	zìyuàn
chǎocài	jiànzhù	qízi	xīchénqì
xīnwénzhǐ	xīhóngshì	qǐzhòngjī	jiāchángcài

jízhōng – shēngzhì　　qiānshān – wànshuǐ

shíquán – shíměi　　shānshān – láichí

3. 句子 Useful Sentences

Nǐ hǎo!	(Hello!)
Xièxie!	(Thank you!)
Bú kèqi!	(You are welcome.)
Duìbuqǐ!	(I'm sorry.)
Méi guānxi.	(It doesn't matter.)
Zàijiàn.	(Good bye!)
Hěn gāoxìng rènshi nǐ!	(Nice to meet you!)
Qǐng zài shuō yí biàn.	(Please say it again.)

Rénwù jièshào

人物 介绍 Characters

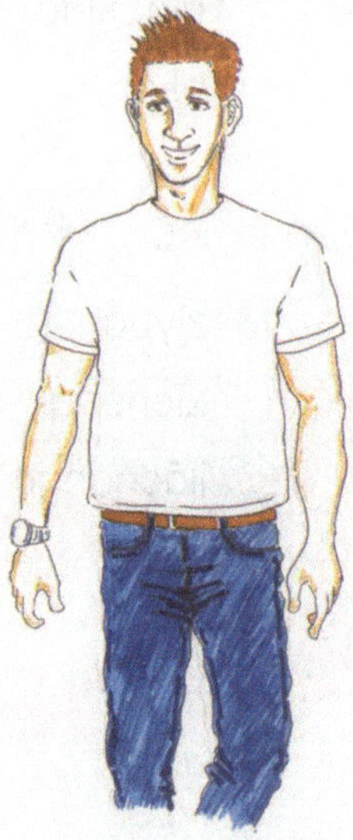

马克是一名美国大学生,22岁。因喜欢中国文化,来中国学习中文。刚到中国,要在中国留学一年。对中国了解不多。

Mark is a 22-year-old American college student who wants to learn Chinese because the love of Chinese culture. He has just arrived in China and knows little about the country.

艾米丽是英国人,33岁。与老公、儿女在中国生活工作了两年时间,在国际公司上班,因工作需要学习汉语。

Emily is a 33-year-old British who has been living and working in China for 2 years with her husband and kids. She works at an international company and is learning Chinese for work needs.

李佳，上海人，女，21岁，中文系本科生。

Li Jia is a Shanghainese girl, 21 years old, and is an undergraduate in the university department of Chinese language and literature.

王浩明，北京人，男，25岁，金融专业研究生。

Wang Haoming is a 25-year old male graduate student from Beijing, majoring in finance.

Dì yī kè　　Nǐ hǎo

第一课　你好!

Lesson 1　Hello!

Learning how to greet people

Learning how to introduce one's name and nationality

Nǐ zhīdào ma 你 知道 吗	Do you know?

Zhōngguó
中 国

Měiguó
美 国

Yīngguó
英 国

Déguó
德 国

Xī bān yá
西 班 牙

Hánguó
韩 国

1 2 3 4 5

6 7 8 9 10

Shēngcí 生词 1 | New Words 1

1. 你	nǐ	*pron.*	you
2. 好	hǎo	*adj.*	good
3. 我	wǒ	*pron.*	I, me
4. 是	shì	*v.*	to be
5. 呢	ne	*part.*	(a modal particle used for elliptical questions)
6. 叫	jiào	*v.*	to be called
7. 很	hěn	*adv.*	very
8. 高兴	gāoxìng	*adj.*	happy, joyful
9. 认识	rènshi	*v.*	to know, to recognize
10. 也	yě	*adv.*	too, as well

Jùxíng 句型 1 Sentence Patterns 1

1. Nǐ jiào shénme míngzi?
   你 叫 什么 名字? What's your name?
   Wǒ jiào Mǎkè.
   我 叫 马克。 I am Mark.

2. Tā shì Lǐ Jiā.
   她 是 李佳。 She is Li Jia.
   Tā shì Měiguó rén.
   他 是 美国 人。 He is American.

Huìhuà
会话 1 Dialogue 1

Lǐ Jiā: Nǐ hǎo!
李佳：你 好！

Mǎkè: Nǐ hǎo!
马克：你 好！

Lǐ Jiā: Wǒ shì Lǐ Jiā. Nǐ ne?
李佳：我 是 李佳。你 呢？

Mǎkè: Wǒ jiào Mǎkè. Hěn gāoxìng rènshi nǐ.
马克：我 叫 马克。很 高兴 认识 你。

Lǐ Jiā: Wǒ yě hěn gāoxìng rènshi nǐ.
李佳：我 也 很 高兴 认识 你。

Li Jia: Hello!
Mark: Hello!
Li Jia: I am Li Jia. What about you?
Mark: My name is Mark. Nice to meet you.
Li Jia: Nice to meet you, too.

注释(Notes)：
The elliptical interrogative sentence with "呢(ne)" is used to express interrogative tone. The particle "呢(ne)" is normally used at the end of a sentence.

Liànxí
练习 1 | Practice 1

1. 说一说:请介绍一下自己。

Talk: Please introduce yourself.

2. 填一填:完成对话。

Fill the blank: complete the dialogue.

A: Nǐ hǎo, wǒ shì ________.
　你 好, 我 是 ________。

B: ______, ____________.

A: Hěn gāoxìng rènshi nǐ!
　很 高兴 认识 你!

B: ________________.

Shēngcí 生词 2 | New Words 2

1. 她	tā	*pron.*	she, her
2. 他	tā	*pron.*	he, him
3. 们	men		(suffix denoting plurality)
4. 您	nín	*pron.*	you (in a respective polite form)
5. 人	rén	*n.*	person, people
6. 吗	ma	*part.*	(a particle used for a question expecting a yes-no answer)
7. 不	bù	*adv.*	no, not
8. 美国	Měiguó	*n.*	America
9. 英国	Yīngguó	*n.*	Britain
10. 美国人	Měiguó rén	*n.*	American (people)
11. 英国人	Yīngguó rén	*n.*	British (people)

Jùxíng 句型 2 Sentence Patterns 2

1. Nǐ shì Yīngguó rén ma?
   你是英国人吗? Are you British?
   Wǒ shì Yīngguó rén.
   我是英国人。 I'm British.

2. Nǐ shì Wáng Hàomíng ma?
   你是王浩明吗? Are you Wang Haoming?
   Wǒ bú shì Wáng Hàomíng.
   我不是王浩明。 I'm not Wang Haoming.

3. Nǐ shì nǎ guó rén?
   你是哪国人? What's your nationality?
   Wǒ shì Zhōngguó rén.
   我是中国人。 I'm Chinese.

Huìhuà
会话 2 Dialogue 2

Mǎkè: Nǐmen hǎo!
马克：你们 好！

Lǐ Jiā: Nǐ hǎo, Mǎkè, tā shì Àimǐlì.
李佳：你 好，马克，她 是 艾米丽。
Àimǐlì, tā shì Mǎkè.
艾米丽，他 是 马克。

Àimǐlì: Mǎkè, nǐ hǎo.
艾米丽：马克，你 好。

Mǎkè: Àimǐlì, nǐ hǎo. Nín shì Měiguó rén ma?
马克：艾米丽，你 好。您 是 美国 人 吗？

Àimǐlì: Wǒ bú shì Měiguó rén, wǒ shì Yīngguó rén.
艾米丽：我 不 是 美国 人，我 是 英国 人。

Mark: Hello!
Li Jia: Hello, Mark, she is Emily. Emily, this is Mark.
Emily: Hello, Mark.
Mark: Hello Emily, Are you American?
Emily: I'm not an American, I am British.

Liànxí
练习 2　Practice 2

1. 说一说:他们是哪国人?

Talk: Where are they from?

Zhōngguó
中国

Xībānyá
西班牙

Déguó
德国

Rìběn
日本

Yīngguó
英国

Měiguó
美国

Tā shì________.
他 是________。

Tā shì________.
她 是________。

2. 把下列词语填入句子中。

Put the words below into the sentences.

shì	yě	bù
是	也	不

Zhūdí: Nǐ hǎo! Wǒ shì Zhūdí.
朱迪：你 好！我 是 朱迪。

Dàwèi: Nǐ hǎo! Wǒ shì Dàwèi. Nǐ ________ Déguó rén ma?
大卫：你 好！我 是 大卫。你 ________ 德国 人 吗？

Zhūdí: Wǒ________ shì Déguó rén, wǒ shì Měiguó rén.
朱迪：我________ 是 德国 人，我 是 美国 人。

Dàwèi: Wǒ ________ shì Měiguó rén. Rènshi nǐ hěn gāoxìng.
大卫：我 ________ 是 美国 人。认识 你 很 高兴。

Zhūdí: Rènshi nǐ________ hěn gāoxìng.
朱迪：认识 你________ 很 高兴。

Zōnghé Liànxí 综合 练习 Comprehensive Practice

1. 听和读 Listen and Read

nǐ —— lǐ

hǎo —— gǎo

hěn —— fěn

shì —— sì

rén —— rèn

2. 实践活动 Practical Activity

分组讨论,然后告诉我们你的新朋友叫什么,从哪里来。

Work in groups and then tell us the names of your new friends and where they are from.

Hànzì 汉字 Chinese Characters

nǐ	hǎo	wǒ	tā	tā
你	好	我	他	她
shì	yě	bù	rèn	shí
是	也	不	认	识

Wénhuà Zhīshi 文化知识 Cultural Knowledge

Ways of Greeting

There are various ways to greet people in China. For example, at lunch or dinner time, people might say "Chī fàn le ma?", "Chī le ma?" (Have you eaten?) to those they meet. One could also say "Máng shénme ne?" (What are you busy with?), "Chūqu a" (Are you going out?), "Qù nǎr?" (Where are you going?) to people as greetings. However, nowadays young people would simply say "nǐ hǎo" or "nín hǎo".

Bǔchōng Shēngcí
补充 生词
Supplementary Words

1.	名字	míngzi	*n.*	name
2.	中国	Zhōngguó	*n.*	China
3.	朋友	péngyou	*n.*	friend
4.	再见	zàijiàn	*n.*	goodbye

第二课 现在几点?

Lesson 2 What's the time?

Learning how to express numbers

Learning how to express time: the time, years, month and dates

Nǐ zhīdào ma 你 知道 吗	Do you know?

7:00

8:05

9:15

10:30

11:45

2:55

Shēngcí 生词 1 New Words 1

1. 现在	xiànzài	*n.*	now
2. 几	jǐ	*pron.*	how many, how much
3. 点	diǎn	*n.*	o'clock
4. 分	fēn	*n.*	minute
5. 半	bàn	*n.*	half
6. 几点	jǐ diǎn		what time
7. 上课	shàngkè	*v.*	to have class
8. 下课	xiàkè	*v.*	class dismissed
9. 刻	kè	*n.*	a quarter (of an hour)

Xiě shùzì 写数字 Write the numbers

yī	èr	sān	sì	wǔ
一	二	三	四	五

liù	qī	bā	jiǔ	shí
六	七	八	九	十

Xué shǔ shù
学 数 数 Learn to count

yī	èr	sān	sì	wǔ	liù	qī	bā	jiǔ	shí
一	二	三	四	五	六	七	八	九	十

1	yī 一	11	shí yī 十一	21	èr shí yī 二十一	40	sì shí 四十
2	èr 二	12	shí èr 十二	22	èr shí èr 二十二	50	wǔ shí 五十
3	sān 三	13	shí sān 十三	23	èr shí sān 二十三	60	liù shí 六十
4	sì 四	14	shí sì 十四	24	èr shí sì 二十四	70	qī shí 七十
5	wǔ 五	15	shí wǔ 十五	25	èr shí wǔ 二十五	80	bā shí 八十
6	liù 六	16	shí liù 十六	26	èr shí liù 二十六	90	jiǔ shí 九十
7	qī 七	17	shí qī 十七	27	èr shí qī 二十七	100	yì bǎi 一百
8	bā 八	18	shí bā 十八	28	èr shí bā 二十八		
9	jiǔ 九	19	shí jiǔ 十九	29	èr shí jiǔ 二十九		
10	shí 十	20	èr shí 二十	30	sān shí 三十		

Jùxíng 句型 1 Sentence Patterns 1

1. Xiànzài jǐ diǎn?
现在 几 点？ What time is it?

Xiànzài bā diǎn.
现在 八 点。 It is eight o'clock.

2. Nǐ jǐ diǎn xiàkè?
你 几 点 下课？
When will you finish your class?

Wǒ shí diǎn bàn xiàkè.
我 十 点 半 下课。
The class will be dismissed at ten thirty.

注释(Notes)：
The words/phrases expressing the time of an action should be placed before the verb, whether in a question or in a statement.

Huìhuà
会话 1　Dialogue 1

Lǐ Jiā: Xiànzài jǐ diǎn?
李佳：现在 几 点？

Mǎkè: Xiànzài bā diǎn shí fēn.
马克：现在 八 点 十 分。

Lǐ Jiā: Nǐ jǐ diǎn shàngkè?
李佳：你 几 点 上课？

Mǎkè: Wǒ bā diǎn bàn shàngkè. Nǐ ne?
马克：我 八 点 半 上课。你 呢？

Lǐ Jiā: Wǒ jiǔ diǎn sìshíwǔ fēn shàngkè.
李佳：我 九 点 四十五 分 上课。

Mǎkè: Nǐ jǐ diǎn xiàkè?
马克：你 几 点 下课？

Lǐ Jiā: Wǒ shíyī diǎn yí kè xiàkè.
李佳：我 十一 点 一 刻 下课。

注释(Notes)：

"半(bàn)" indicates thirty minutes.

"一刻(yí kè)" represents fifteen minutes.

Li Jia: What time is it?
Mark: It is 8:10.
Li Jia: When do you have class?
Mark: I have class at 8:30. What about you?
Li Jia: I have class at 9:45.
Mark: When is the class dismissed?
Li Jia: A quarter after eleven.

Liànxí 练习 1 Practice 1

1. 认一认:现在几点了?

Recognize: What time is it now?

(　　)　(　　)　(　　)

(　　)　(　　)　(　　)

2. 填一填:从括号里选择合适的词填入横线。

Fill the blank: Choose the word between the two.

(1) Xiànzài ________ diǎn? (jǐ / shénme)

现在 ________ 点?(几 / 什么)

(2) Wǒ bā diǎn ________ shàngkè. (fēn / bàn)

我 八 点 ________ 上课。(分 / 半)

(3) Wǒmen shíyī diǎn yī ________ xiàkè. (kè / fēn)

我们 十一 点 一 ________ 下课。(刻 / 分)

3. 学习下面的词语,并说明同一时间在一天内不同时段的表达方式。

Learn the following words and then express the time with "am"or "pm".

zǎoshang 早上 (early) morning	shàngwǔ 上午 morning	zhōngwǔ 中午 noon
xiàwǔ 下午 afternoon	wǎnshang 晚上 evening	

4. 说一说:根据你的情况回答问题。

Answer the questions.

(1) Nǐ jǐ diǎn qǐchuáng?

你 几 点 起床?

(2) Nǐ jǐ diǎn chī fàn?

你 几 点 吃 饭?

(3) Nǐ jǐ diǎn shuìjiào?

你 几 点 睡觉?

Shēngcí 生词 2 New Words 2

1. 今天	jīntiān	*n.*	today
2. 月	yuè	*n.*	month
3. 号	hào	*n.*	date
4. 回	huí	*v.*	to return
5. 国	guó	*n.*	country
6. 星期	xīngqī	*n.*	week

Jùxíng 句型 2 Sentence Patterns 2

1. Jīntiān xīngqī jǐ?
   今天 星期 几? What day is it today?
   Jīntiān xīngqī yī.
   今天 星期 一。 Today is Monday.

2. Jīntiān jǐ yuè jǐ hào?
今天 几 月 几 号? What is the date today?
Jīntiān jiǔ yuè èrshíbá hào.
今天 九 月 二十八 号。 It is September 28th.

3. Nǐ jǐ hào huí guó?
你 几 号 回 国?
When will you go back to your country?
Wǒ jiǔ yuè shíqī hào huí guó.
我 九 月 十七 号 回 国。
I will go back on Sept. 17th.

注释(Notes):

① Both "号(hào)" and "日(rì)" could indicate the date. "rì" is normally used in written language. "hào" and "rì" can both be used in spoken Chinese.

② When it is used to indicate time, the sentence order of time units are arranged from big concepts to small concepts.

e.g. 2015 nián 4 yuè 8 hào xīngqī sān 15 diǎn 23 fēn
2015 年 4 月 8 号 星期 三 15 点 23 分

Huìhuà
会话 2 Dialogue 2

Mǎkè: Jīntiān jǐ yuè jǐ hào?
马克：今天 几月 几 号？

Àimǐlì : Jīntiān jiǔ yuè shí hào.
艾米丽：今天 九 月 十 号。

Mǎkè: Nǐ jǐ hào huíguó?
马克：你 几 号 回国？

Àimǐlì : Wǒ jiǔ yuè shíqī hào huíguó.
艾米丽：我 九 月 十七 号 回国。

Mǎkè: Jiǔ yuè shíqī hào shì xīngqī jǐ?
马克：九 月 十七 号 是 星期 几？

Àimǐlì : Jiǔ yuè shíqī hào shì xīngqī sān.
艾米丽：九 月 十七 号 是 星期 三。

Mark: What is the date today?
Emily: Today is September 10th.
Mark: When will you go back to your country?
Emily: September 17th.
Mark: What day of the week is September 17th?
Emily: September 17th is a Wednesday.

Liànxí
练习 2　Practice 2

1. 替换练习　Subsititution Practice

qiántiān　zuótiān
前天　昨天

míngtiān　hòutiān
明天　后天

Li：　Jīntiān shì 4 yuè 16 hào, jīntiān shì xīngqī sì.
例：　今天 是 4 月 16 号，今天 是 星期 四。

2. 说一说　Talk

(1) 说一说你来中国的时间。
When did you come to China?

(2) 问一问同桌的生日，并告诉大家。
Ask your desk-mate's birthday and tell everyone.

Zōnghé Liànxí 综合 练习 Comprehensive Practice

1. 听和读 Listen and Read

zài —— cài
diǎn —— tiān
fēn —— fēng
bàn —— pàn
jǐ —— jí

2. 说时间

Use the following pattern to construct today's date.

2015 年(nián)
4 月(yuè)
16 日(rì)
星期四(xīngqī sì)
15:09

3. 说一说你的一天。 Tell us about your day.

chī fàn 吃饭	qǐchuáng 起床	shuìjiào 睡觉	yùndòng 运动

Hànzì 汉字 Chinese Characters

xiàn	zài	jǐ	diǎn	fēn
现	在	几	点	分
bàn	shàng	xià	kè	jīn
半	上	下	课	今
tiān	yuè	hào	huí	guó
天	月	号	回	国

Wénhuà Zhīshi
文化 知识

Cultural Knowledge

The 24 solar terms

The 24 solar terms (24 divisions of the solar year in the traditional Chinese calender), is a supplementary calendar mainly used to guide farming activities based on the different climates which dates back to ancient China. Its formation started from Chun Qiu Period and came from the long-term agricultural experiences of peasants' wisdom. Some of the 24 solar terms are given below: The Spring Equinox(chūnfēn)(Mar. 20th – 22nd), clear and bright(qīngmíng)(Apr. 4th – 6th), summer solstice (xiàzhì)(Jun. 21st – 22nd), autumnal equinox(qiūfēn)(Sep. 22nd – 2th), winter solstice(dōngzhì)(Dec. 21st – 23rd).

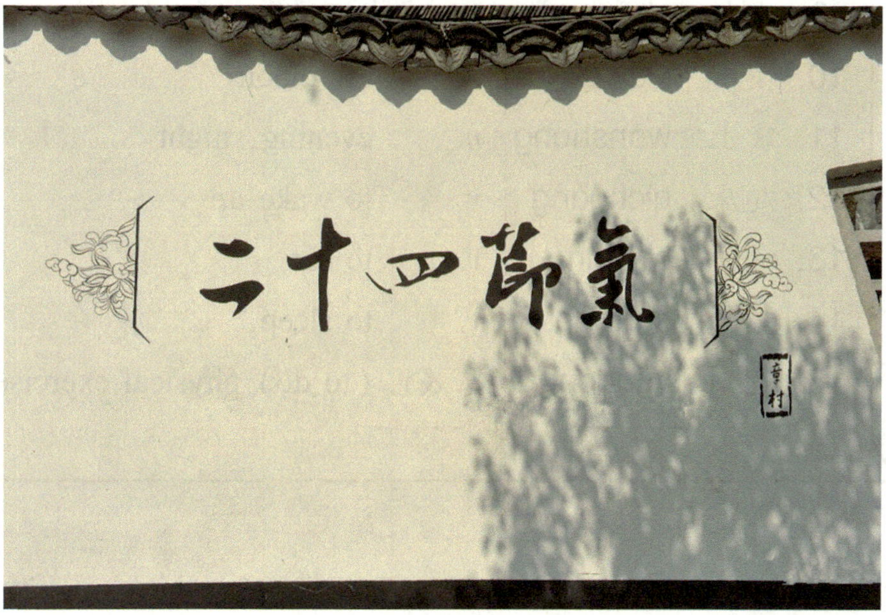

Bǔchōng Shēngcí
补充 生词
Supplementary Words

1.	时间	shíjiān	*n.*	time
2.	年	nián	*n.*	year
3.	前天	qiántiān	*n.*	the day before yesterday
4.	昨天	zuótiān	*n.*	yesterday
5.	明天	míngtiān	*n.*	tomorrow
6.	后天	hòutiān	*n.*	the day after tomorrow
7.	早上	zǎoshang	*n.*	early morning
8.	上午	shàngwǔ	*n.*	morning
9.	中午	zhōngwǔ	*n.*	noon
10.	下午	xiàwǔ	*n.*	afternoon
11.	晚上	wǎnshang	*n.*	evening, night
12.	起床	qǐchuáng	*v.*	to wake up
13.	吃饭	chī fàn	*v.*	to eat
14.	睡觉	shuìjiào	*v.*	to sleep
15.	运动	yùndòng	*n. & v.*	(to do) physical exercises

Dì sān kè　　　　Nǐ mǎi shénme

第三课　　你买 什么？

Lesson 3　　What do you want to buy?

Learning how to talk about money

Learning the expressions used in shopping

Nǐ zhīdào ma 你 知道 吗	Do you know?

yuán kuài
100 元/块

yuán
50 元

yuán
20 元

yuán
10 元

yuán
5 元

yuán
1 元

jiǎo máo
5 角/毛

yuán
1 元

jiǎo
5 角

jiǎo
1 角

Shēngcí 生词 1 | New Words 1

1. 买	mǎi	*v.*	to buy
2. 什么	shénme	*pron.*	what
3. 面包	miànbāo	*n.*	bread
4. 甜	tián	*adj.*	sweet
5. 和	hé	*conj.*	and
6. 咸	xián	*adj.*	salty
7. 的	de	*part.*	(a possessive or modifying particle)
8. 哪	nǎ	*pron.*	which
9. 种	zhǒng	*n.*	kind, type
10. 多少	duōshǎo	*pron.*	how many, how much
11. 钱	qián	*n.*	money
12. 个	gè	*mw.*	(a widely used measure word)
13. 大	dà	*adj.*	big
14. 块	kuài	*mw.*	(a measure word for money, etc.)
15. 小	xiǎo	*adj.*	small, little
16. 好的	hǎo de		OK
17. 这	zhè	*pron.*	this
18. 一共	yígòng	*adv.*	altogether
19. 谢谢	xièxie	*v.*	to thank

Jùxíng 句型 1 Sentence Patterns 1

1. Nǐ mǎi nǎ zhǒng?
你 买 哪 种? Which kind do you want to buy?
Wǒ mǎi dà de.
我 买 大 的。 I'll buy a big one.

2. Miànbāo duōshǎo qián yí gè?
面包 多少 钱 一 个?
How much does a loaf of bread cost?
Shí kuài yí gè.
十 块 一 个。 Ten kuai for one loaf.

3. Nǐ mǎi jǐ gè?
你 买 几 个? How many do you want to buy?
Wǒ mǎi liǎng gè.
我 买 两 个。 I will buy two.

注释(Notes):

Measure words

If you want to quantify things, a measure word should always be used between the number and the item it modifies. "个(gè)" is the most widely used measure word, while many nouns have their own specific measure words.

Huìhuà 会话 1 Dialogue 1

lǎobǎn : Nǐ hǎo! Nǐ mǎi shénme?
老板：你 好！你 买 什么？

Àimǐlì : Wǒ mǎi miànbāo.
艾米丽：我 买 面包。

lǎobǎn: Wǒmen yǒu tián de hé xián de,
老板： 我们 有 甜 的 和 咸 的，

nǐ mǎi nǎ zhǒng?
你 买 哪 种？

Àimǐlì : Wǒ mǎi tián de. Duōshǎo qián yí gè?
艾米丽：我 买 甜 的。 多少 钱 一 个？

lǎobǎn: Dà de shí kuài, xiǎo de wǔ kuài wǔ. Nǐ mǎi nǎ zhǒng?
老板：大 的 十 块， 小 的 五 块 五。你 买 哪 种？

Àimǐlì : Xiǎo de.
艾米丽： 小 的。

lǎobǎn: Hǎo de, nǐ mǎi jǐ gè?
老板： 好 的，你 买 几 个？

Àimǐlì : Wǒ mǎi liǎng gè.
艾米丽：我 买 两 个。

lǎobǎn: Zhè shì nǐ de miànbāo, yígòng shíyī kuài qián.
老板： 这 是 你 的 面包， 一共 十一 块 钱。

Àimǐlì : Xièxie!
艾米丽：谢谢！

Storekeeper: Hello. What do you want to buy?

Emily: I want to buy some bread.

Storekeeper: We have sugary and salted. Which kind would you like?

Emily: I would like the sugary one please. How much for one?

Storekeeper: 10 RMB for a big one, and 5.5 RMB for a small one. Which one do you prefer?

Emily: Smaller one.

Storekeeper: Okay, how many?

Emily: Two.

Storekeeper: Here is your bread, 11 RMB altogether.

Emily: Thank you!

注释(Notes):

"两(liǎng)" and "二(èr)"

While used before a measure word to quantify items, "2" is always read as "liǎng (两)".

e.g. liǎng gè miàn bāo (两个面包), liǎng jiàn máoyī (两件毛衣)

In other cases, "2" is usually pronounced as "èr (二)".

e.g. èrshí kuài (二十块)

Liànxí 练习 1 Practice 1

1. 认一认:图片上是什么?

Recognize: What's in the picture?

( ) ( ) ( )

( ) ( ) ( )

2. 说一说:用下列词语,完成对话。

Talk: Use the words given below and complete the dialogue.

kāfēi	píngguǒ	miànbāo	niúnǎi	dàngāo
咖啡	苹果	面包	牛奶	蛋糕
coffee	apple	bread	milk	cake

A: Zhèli yǒu shénme?
这里有 什么?

B: Zhèli yǒu ________.
这里有 ________。

A: Nǐ mǎi shénme?
你 买 什么？

B: Wǒ mǎi ________.
我 买 ________。

A: Yígòng duōshǎo qián?
一共 多少 钱？

B: Yígòng ________ kuài.
一共 ________ 块。

3. 填一填 Fill the blank.

Lì: Miànbāo shì tián de.
例：面包 是 甜 的。

________ shì ________ de. (tián/xián)
________ 是 ________ 的。（甜/咸）

Shēngcí 生词 2 New Words 2

1. 请问	qǐng wèn		May I ask ...
2. 件	jiàn	*mw.*	piece, item
3. 毛衣	máoyī	*n.*	sweater
4. 颜色	yánsè	*n.*	color
5. 白	bái	*adj.*	white
6. 试	shì	*v.*	to try (often used in the repetitive form "shìshi")
7. 有点儿	yǒudiǎnr	*adv.*	a bit, a little
8. 有	yǒu	*v.*	to have
9. 太	tài	*adj.*	too much
10. 贵	guì	*adj.*	expensive
11. 便宜	piányi	*adj.*	cheap
12. 一点儿	yìdiǎnr		a bit, a little
13. 行	xíng	*v.*	okay, fine

yánsè
颜色 colors

hóng 红	lǜ 绿	huáng 黄	huī 灰
lán 蓝	hēi 黑	bái 白	zǐ 紫

Jùxíng
句型 2 Sentence Patterns 2

1. Qǐng wèn nín mǎi shénme?
请 问 您 买 什么?
May I ask what do you want to buy?

Wǒ mǎi yí jiàn máoyī.
我 买 一 件 毛衣。
I want to buy a sweater.

2. Nǐ mǎi shénme yánsè de?
你 买 什么 颜色 的?
What color do you want to buy?

Wǒ mǎi bái de.
我 买 白 的。
I'd like a white one.

3. Zhè jiàn yǒudiǎnr xiǎo, yǒu dà de ma?
这 件 有点儿 小, 有 大 的 吗?
This one is a little too small. Do you have bigger ones?

4. Tài guì le, piányi yìdiǎnr ba.
太 贵 了, 便宜 一点儿 吧。
It's too expensive. Can you make the price lower?

Huìhuà 会话 2 Dialogue 2

lǎobǎn : Nín hǎo Qǐng wèn nín mǎi shénme?
老板 : 您 好! 请 问 您 买 什么?

Mǎkè : Wǒ mǎi yí jiàn máoyī.
马克 : 我 买 一 件 毛衣。

lǎobǎn : Hǎo de, nín mǎi shénme yánsè de?
老板 : 好 的, 您 买 什么 颜色 的?

Mǎkè : Wǒ mǎi bái de.
马克 : 我 买 白 的。

lǎobǎn : Nín shìshi zhè jiàn.
老板 : 您 试试 这 件。

Mǎkè : Zhè jiàn yǒu diǎnr xiǎo, yǒu dà de ma?
马克 : 这 件 有 点儿 小, 有 大 的 吗?

lǎobǎn : Zhè jiàn dà, nín shìshi.
老板 : 这 件 大, 您 试试。

Mǎkè : Zhè jiàn hěn hǎo, duōshǎo qián?
马克 : 这 件 很 好, 多少 钱?

lǎobǎn : Èr bǎi bāshíwǔ.
老板 : 二 百 八十五。

Mǎkè : Tài guì le, piányi yìdiǎnr ba.
马克 : 太 贵 了, 便宜 一点儿 吧。

lǎobǎn : Èr bǎi bā, xíng ma?
老板 : 二 百 八, 行 吗?

Mǎkè : Xíng.
马克 : 行。

Sales clerk: Hello, what can I do for you?
Mark: I want to buy a sweater .
Sales clerk: Okay, which color do you like?
Mark: I would like a white one.
Sales clerk: Try on this.
Mark: This one is a little bit too small. Do you have a bigger one?
Sales clerk: This one is bigger. Try on.
Mark: This one is perfect. How much is it?
Sales Clerk: 285 RMB.
Mark: It's a little expensive. Can you make the price lower?
Sales Clerk: 280 RMB. Is that okay?
Mark: Yeah.

注释(Notes):

"很(hěn)" and "太(tài)"

"太…了(tài ... le)" is used to refer to a high degree, often used to express exclamatory mood. Sometimes it has a meaning of "excessive", such as "too much", "too big", "too small".

"很(hěn)" is usually used before adjectives to emphasis the state.

Liànxí
练习 2 Practice 2

1. 这是多少钱？ Can you read?

¥0.8 ¥9.5 ¥12

¥48.8 ¥165 ¥299.99

2. 用下列词语看图说话。

Make dialogues based on the pictures and words below.

Cíyǔ：	yǒudiǎnr	tài	dà	xiǎo	guì	piányi
词语：	有点儿	太	大	小	贵	便宜
Words：	kind of	too	big	small	expensive	cheap

¥300

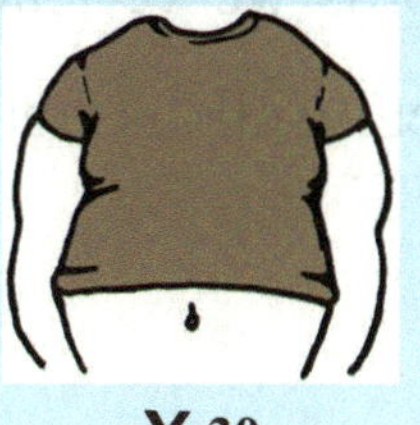

¥30

Zōnghé Liànxí 综合 练习 Comprehensive Practice

1. 看图进行对话。

Make dialogues based on the picture.

Cānkǎo cíyǔ:	qǐngwèn	nǎ	zhǒng	shì	guì	piányi
参考 词语:	请问	哪	种	试	贵	便宜
Reference Words:	excuse me	which	kind	try	expensive	cheap

2. 实践活动 **Practical Activity**

请用我们学过的词语去商店或超市买东西,跟我们说说你买的是什么,多少钱?

Use the words we've learned to make a purchase in a store or a supermarket. Tell us about what you've bought and how much they are.

Hànzì 汉字 Chinese Characters

mǎi	duō	shǎo	shén	me
买	多	少	什	么
yǒu	dà	xiǎo	de	gè
有	大	小	的	个
liǎng	gòng	kuài	qián	xiè
两	共	块	钱	谢

Wénhuà Zhīshi
文化 知识

Cultural Knowledge

Bargaining in China

In China, people can negotiate with the store owner about the price of the commodity. The skill of bargain is indeed something interesting and entertaining.

Try to go out with your Chinese friends, watch how they bargain and then try it on your own. Of course, in some markets and malls you won't have a chance to bargain, but they also have a discount from time to time.

Have fun in your shopping!

Bǔchōng Shēngcí
补充 生词
Supplementary Words

1.	这个	zhège	*pron.*	this one
2.	那个	nàge	*pron.*	that one
3.	可乐	kělè	*n.*	coke
4.	牛奶	niúnǎi	*n.*	milk
5.	麦片	màipiàn	*n.*	cereal
6.	三明治	sānmíngzhì	*n.*	Sandwich
7.	饺子	jiǎozi	*n.*	dumpling
8.	意大利面	yìdàlì miàn	*n.*	pasta
9.	双	shuāng	*mw.*	pair
10.	鞋	xié	*n.*	shoe（s）

Classroom Expressions

pīnyīn 拼音	spelling system	xiě 写	to write
hànzì 汉字	Chinese characters	fùxí 复习	to review
tīng 听	to listen	shàngkè 上课	Class begins.
dú 读	to read	xiàkè 下课	Class is over.
Gēn wǒ dú. 跟我读。	Read after me.	xiūxi 休息	Take a break.
Qǐng nǐ dú. 请你读。	Please read by yourself.	liànxí 练习	practice/exercise
dì yī shēng 第一声	first tone	zuòyè 作业	homework
wèn 问	to ask	cèyàn 测验	quiz
huídá 回答	to answer	dì yī yè 第一页	page 1
shuō 说	to speak	kǎoshì 考试	exam

Dì sì kè　　Nǐ jiā yǒu jǐ kǒu rén

第四课　你家有几口人？

Lesson 4　How many people are there in your family?

Learning how to talk about family, occupations and age

Nǐ zhīdào ma 你 知道 吗	Do you know?

Shēngcí 生词 1 New Words 1

1. 家	jiā	*n.*	family
2. 口	kǒu	*mw.*	(usually used to indicate the quantity of the family)
3. 些	xiē	*mw.*	some
4. 爸爸	bàba	*n.*	father
5. 妈妈	māma	*n.*	mother
6. 哥哥	gēge	*n.*	elder brother
7. 谁	shéi/shuí	*pron.*	who
8. 弟弟	dìdi	*n.*	younger brother
9. 没有	méi yǒu		don't have
10. 多	duō	*adv.*	how
11. 岁	suì	*n.*	years old

Jùxíng 句型 1 Sentence Patterns 1

1. Nǐ yǒu jiějie ma?
你 有 姐姐 吗? Do you have an elder sister?
Wǒ méi yǒu jiějie.
我 没 有 姐姐。 I don't have an elder sister.

2. Nǐ jiā yǒu jǐ kǒu rén?
你 家 有 几 口 人? How many people are in your family?
Wǒ jiā yǒu wǔ kǒu rén.
我 家 有 五 口 人。There are five people in my family.

3. Nǐ dìdi duō dà?
你 弟弟 多 大? How old is your brother?
Wǒ dìdi shíwǔ suì.
我 弟弟 十五 岁。 My brother is fifteen.

注释(Notes):

① In Chinese "口(kǒu)/个(gè)" is usually used when asking the quantity of the family, and it can be said as "你家几口人? (Nǐ jiā jǐ kǒu rén?)" or "你家几个人? (Nǐ jiā jǐ gè rén?)" when asking the family members.

② "多大(duō dà)" is usually used when asking the age of people, normally as "你多大? (Nǐ duō dà?)". If children's age is asked, "你几岁? (Nǐ jǐ suì?)" is used. When asking older people's age, a polite form "您多大年纪? (Nín duō dà niánjì?)" is used.

Huìhuà
会话 1 Dialogue 1

Mǎkè: Lǐ Jiā, nǐ jiā yǒu jǐ kǒu rén?
马克：李佳，你 家 有 几 口 人？

Lǐ Jiā: Wǒ jiā yǒu sì kǒu rén.
李佳：我 家 有 四 口 人。

Mǎkè: Nǐ jiā yǒu nǎ xiē rén?
马克：你 家 有 哪 些 人？

Lǐ Jiā: Wǒ jiā yǒu bàba、māma、gēge hé wǒ. Nǐ jiā yǒu shéi?
李佳：我 家 有 爸爸、妈妈、哥哥 和 我。你 家 有 谁？

Mǎkè: Wǒ jiā yǒu bàba、māma、dìdi, wǒ méi yǒu gēge.
马克：我 家 有 爸爸、妈妈、弟弟，我 没 有 哥哥。

Lǐ Jiā: Nǐ dìdi duō dà?
李佳：你 弟弟 多 大？

Mǎkè: Wǒ dìdi shíwǔ suì.
马克：我 弟弟 十五 岁。

Mark: Li Jia, how many people are there in your family?
Li Jia: There are three people in my family.
Mark: Who are your family members?
Li Jia: My father, mother, elder brother and me. What about yours?
Mark: My father, mother, younger brother. I do not have an elder brother.
Li Jia: How old is your younger brother?
Mark: He is fifteen.

Liànxí
练习 1　Practice 1

1. 说一说　Talk

Nǐ jiā yǒu jǐ kǒu rén?
你家有几口人?

Nǐ jiā yǒu nǎ xiē rén?
你家有哪些人?

2. 读句子,然后连线。　Read the sentences and match.

Nǐ jīnnián jǐ suì?
你今年几岁?

Nǐ jīnnián duō dà?
你今年多大?

Nín jīnnián duō dà niánjì?
您今年多大年纪?

3. 选择正确词语填空。 Choose the right word.

(1) Wǒ jiā yǒu yí _____ jiějie. gè/kǒu
我 家 有 一 _____ 姐姐。 (个/口)

(2) Nǐ jiā yǒu _____ kǒu rén? jǐ/duōshǎo
你 家 有 _____ 口 人? (几/多少)

Shēngcí 生词 2 | New Words 2

1. 在	zài	*prep.*	in, at (somewhere)
2. 哪儿	nǎr	*pron.*	where
3. 工作	gōngzuò	*n. & v.*	(to) work
4. 医院	yīyuàn	*n.*	hospital
5. 都	dōu	*adv.*	all/both
6. 医生	yīshēng	*n.*	doctor
7. 护士	hùshi	*n.*	nurse

Jùxíng 句型 2 Sentence Patterns 2

1. Nǐ bàba zài nǎr gōngzuò?
   你爸爸在哪儿工作?
   Where does your father work?

   Wǒ bàba zài yīyuàn gōngzuò.
   我爸爸在医院工作。
   My father works in the hospital.

2. Wǒ hé tā **dōu** shì Měiguó rén.
   我和他**都**是美国人。
   He and I are both American.

   Wǒmen **dōu** zài xuéxiào gōngzuò.
   我们**都**在学校工作。
   We all work at school.

注释(Notes):

Subject + 在(zài) + place + Verb

In Chinese, "Subject + 在哪儿(zài nǎr)" is usually used before a verb when asking the location while some action takes place, and the response is usually as "Subject + 在(zài) + place + verb". In summary, the location is always said before the verb expressing the action.

Huìhuà 会话 2 Dialogue 2

Mǎkè: Nǐ bàba zài nǎr gōngzuò?
马克：你 爸爸 在 哪儿 工作？

Lǐ Jiā: Wǒ bàba zài yīyuàn gōngzuò.
李佳：我 爸爸 在 医院 工作。

Mǎkè: Nǐ māma ne?
马克：你 妈妈 呢？

Lǐ Jiā: Tā yě zài yīyuàn gōngzuò.
李佳：她 也 在 医院 工作。

Mǎkè: Tāmen dōu shì yīshēng ma?
马克：他们 都 是 医生 吗？

Lǐ Jiā: Bù, wǒ māma shì hùshi.
李佳：不，我 妈妈 是 护士。

Mark: Where does your father work?
Li Jia: My father works in the hospital.
Mark: What about your mom?
Li Jia: She also works in the hospital.
Mark: Are they both doctors?
Li Jia: No, my mom is a nurse.

Liànxí
练习 2　Practice 2

1. 认一认：他们做什么工作。　Recognize: What do they do?

lǎoshī
老师

sījī
司机

gōngchéngshī
工程师

kuàidìyuán
快递员

jǐngchá
警察

chúshī
厨师

2. 把所给内容填入正确位置。

Choose (A), (B) or (C) to fill the given word.

(1) Tā A gōngzuò B.　(zài gōngsī)
他 A 工作 B。　（在公司）

(2) A wǒ hé tā B shì yīshēng.　(dōu)
A 我 和 他 B 是 医生。　（都）

(3) Wǒ A xuéxí B.　(zài xuéxiào)
我 A 学习 B。　（在学校）

(4) Wǒ A chīfàn B.　(zài cāntīng)
我 A 吃饭 B。　（在餐厅）

(5) A wǒ hé tā B gōngzuò C.　(zài yīyuàn, dōu)
A 我 和 他 B 工作 C。　（在医院，都）

Zōnghé Liànxí 综合 练习 Comprehensive Practice

1. 听和读 Listen and Read

bàba	māma	gēge	dìdi
yīshēng	hùshi	gōngzuò	yīyuàn

2. 完成对话。 Complete the dialogue.

A: ______________________________?

B: Wǒ jiā yǒu sān kǒu rén, bàba、māma hé wǒ.
我 家 有 三 口 人，爸爸、妈妈 和 我。

A: ______________________________?

B: Wǒ bàba zài xuéxiào gōngzuò.
我 爸爸 在 学校 工作。

A: Nǐ māma yě zài xuéxiào gōngzuò ma?
你 妈妈 也 在 学校 工作 吗？

B: Shì de, __________________________.
是的，__________________________。

3. 实践活动 Practical Activity

介绍一下你的家庭成员，他们都是做什么的，在哪儿工作？

Talk about your family members, their jobs and their work places.

Hànzì 汉字 Chinese Characters

jiā	kǒu	rén	bà	mā
家	口	人	爸	妈
hé	méi	shéi	suì	gōng
和	没	谁	岁	工
zuò	dōu	yī	shēng	yuàn
作	都	医	生	院

Wénhuà Zhīshi 文化 知识	Cultural Knowledge

Asking age in China

In China, age is respected. Therefore, usually it is okay to ask people's age even if you are not very familiar with each other. However, people use a polite form such as "您贵庚？(Nín guì gēng?)" "您高寿？(Nín gāo shòu?)" for older people.

Bǔchōng Shēngcí
补充 生词
Supplementary Words

1.	老师	lǎoshī	*n.*	teacher
2.	学校	xuéxiào	*n.*	school
3.	司机	sījī	*n.*	driver
4.	工程师	gōngchéngshī	*n.*	engineer
5.	警察	jǐngchá	*n.*	police
6.	快递员	kuàidìyuán	*n.*	delivery man
7.	厨师	chúshī	*n.*	cook, chef
8.	公司	gōngsī	*n.*	company
9.	餐厅	cāntīng	*n.*	restaurant
10.	姐姐	jiějie	*n.*	elder sister
11.	妹妹	mèimei	*n.*	younger sister

Dì wǔ kè　　　　Nǐ xiǎng chī shénme

第五课　　你想吃什么？

Lesson 5　　What would you like to eat?

Learning how to order and talk about food

Nǐ zhīdào ma 你 知道 吗	Do you know?

hóngshāoròu
红 烧 肉

yúxiāng ròusī
鱼香 肉丝

mápó dòufu
麻婆 豆腐

tángcù páigǔ
糖醋 排骨

jiǎozi
饺子

miàntiáo
面 条

mántou
馒 头

mǐfàn
米饭

chá
茶

Shēngcí 生词 1 New Words 1

1. 饭店	fàndiàn	*n.*	restaurant
2. 服务员	fúwùyuán	*n.*	waiter
3. 您好	nín hǎo		hello
4. 欢迎	huānyíng	*v.*	to welcome
5. 光临	guānglín		presence of a guest
6. 菜	cài	*n.*	food; vegetable
7. 菜单	càidān	*n.*	menu
8. 请	qǐng	*v.*	please
9. 点菜	diǎncài	*v.*	to order food
10. 要	yào	*v.*	to want
11. 还	hái	*adv.*	still
12. 别的	biéde	*adj.*	else
13. 再	zài	*adv.*	again
14. 碗	wǎn	*mw. & n.*	bowl
15. 米饭	mǐfàn	*n.*	rice
16. 喝	hē	*v.*	to drink
17. 稍等	shāoděng	*v.*	to wait a moment
18. 快	kuài	*adj.*	quick
19. 上菜	shàngcài	*v.*	to serve (the food)
20. 买单	mǎidān	*v.*	to pay the bill
21. 酸辣汤	suānlàtāng	*n.*	spicy-sour soup
22. 红烧肉	hóngshāoròu	*n.*	braised pork
23. 鱼香肉丝	yúxiāng ròusī	*n.*	fish flavored pork

Jùxíng 句型 1 Sentence Patterns 1

1. Hái yào biéde ma?
还要别的吗? Anything else would you like?
Zài yào yì wǎn mǐfàn.
再要一碗米饭。 One more bowl of rice.

2. Qǐng kuài diǎnr shàngcài.
请快点儿上菜。 Please serve the dish quickly.
Qǐng kuài diǎnr kāimén.
请快点儿开门。 Please open the door quickly.

Huìhuà
会话 1 Dialogue 1

(zài fàndiàn)
(在 饭店)

fúwùyuán: Nín hǎo, huānyíng guānglín! Zhè shì càidān, qǐng diǎncài.
服务员：您 好，欢迎 光临！这 是 菜单，请 点菜。

Mǎkè: Wǒ yào yí gè hóngshāoròu, yí gè yúxiāng ròusī.
马克：我 要 一 个 红烧肉，一 个 鱼香 肉丝。

fúwùyuán: Hái yào biéde ma?
服务员：还 要 别的 吗？

Mǎkè: Zài yào yì wǎn mǐfàn.
马克：再 要 一 碗 米饭。

fúwùyuán: Nín hē shénme?
服务员：您 喝 什么？

Mǎkè: Wǒ yào yí gè suānlàtāng.
马克：我 要 一 个 酸辣汤。

fúwùyuán: Hǎo de, nín shāoděng.
服务员：好 的，您 稍等。

Mǎkè: Qǐng kuài diánr shàngcài, xièxiè.
马克：请 快 点儿 上菜，谢谢。

(chī wán hòu)
(吃 完 后)

Mǎkè: Fúwùyuán, mǎidān.
马克：服务员，买单。

fúwùyuán: Hǎode.
服务员：好的。

(In the restaurant)

Waiter: Hello, welcome. This is the menu, please have a look.

Mark: I want one braised pork and one fish flavored pork.

Waiter: Anything else you need?

Mark: One more bowl of rice, please.

Waiter: What would you like for drink?

Mark: I would like spicy-sour soup.

Waiter: Okay, please wait a while.

Mark: Can you be quick about it ? Thank you.

(After the meal)

Mark: Waiter , check, please.

Waiter: Okay.

Liànxí 练习 1 | Practice 1

1. 说一说 Talk

fúwùyuán: Nín hǎo, qǐng diǎncài.
服务员：您 好，请 点菜。

gùkè : Wǒ yào ________.
顾客：我 要 ________。

jīdàntāng
鸡蛋汤

kǎoyā
烤鸭

shēngjiān
生煎

gōngbǎo jīdīng
宫保 鸡丁

yúxiāng ròusī
鱼香 肉丝

miàntiáo
面条

2. 补全对话。 Complete the dialogue.

A: Nín hǎo, huānyíng guānglín! Nín yào chī diǎnr shénme?
您 好, 欢迎 光临! 您 要 吃 点儿 什么?

B: ______________________.

A: ______________________?

B: Zài yào yì wǎn jīdàntāng.
再 要 一 碗 鸡蛋汤。

A: Hǎo de, nín shāoděng.
好 的, 您 稍等。

B: Xièxie.
谢谢。

Shēngcí 生词 2 New Words 2

1. 想	xiǎng	*v.*	to want
2. 吃	chī	*v.*	to eat
3. 爱	ài	*v.*	to love
4. 辣	là	*adj.*	spicy
5. 喜欢	xǐhuan	*v.*	to like
6. 那	nà	*pron.*	that
		adv.	then
7. 去	qù	*v.*	to go
8. 上海	Shànghǎi		Shanghai
9. 餐厅	cāntīng	*n.*	restaurant
10. 怎么样	zěnmeyàng	*adv.*	how
11. 可以	kěyǐ	*v.*	may
12. 尝	cháng	*v.*	to taste (often used in the repetitive form "cháng chang")
13. 真	zhēn	*adv.*	really
14. 好吃	hǎochī	*adj.*	delicious
15. 非常	fēicháng	*adv.*	much
16. 麻婆豆腐	mápó dòufu	*n.*	Mapo tofu
17. 糖醋排骨	tángcù páigǔ	*n.*	sweet-sour pork ribs

Jùxíng 句型 2 Sentence Patterns 2

1. Nǐ xiǎng chī shénme?
你 想 吃 什么？ What would you like to eat?

Wǒ xiǎng chī mápó dòufu.
我 想 吃 麻婆 豆腐。 I would like Ma Po Tofu.

2. Tángcù páigǔ zěnmeyàng?
糖醋 排骨 怎么样？
How about sweet-sour pork ribs.

Zhè gè cài hěn tián.
这 个 菜 很 甜。
This one is sweet.

3. Wǒ ài / bú ài chī là de.
我 爱/不 爱 吃 辣 的。
I love/don't like eating spicy food.

Wǒ xǐhuan/ bù xǐhuan chī là de.
我 喜欢/不 喜欢 吃 辣 的。
I like /don't like eating spicy food.

Huìhuà
会话 2 Dialogue 2

Àimǐlì : Nǐ xiǎng chī shénme?
艾米丽：你 想 吃 什么?

Lǐ Jiā: Wǒ xiǎng chī mápó dòufu, wǒ ài chī là de.
李佳：我 想 吃 麻婆 豆腐，我 爱 吃 辣 的。

Àimǐlì : Wǒ bù xǐhuan chī là de.
艾米丽：我 不 喜欢 吃 辣 的。

Lǐ Jiā: Nà wǒmen qù chī Shànghǎi cài.
李佳：那 我们 去 吃 上海 菜。

(zài fàndiàn)
(在 饭店)

Àimǐlì : Tángcù páigǔ zěnmeyàng?
艾米丽：糖醋 排骨 怎么样?

Lǐ Jiā: Zhè ge cài hěn tián. Wǒmen kěyǐ chángchang.
李佳：这 个 菜 很 甜。我们 可以 尝尝。

(shàngcài hòu)
(上菜 后)

Àimǐlì : Zhè ge cài zhēn hǎochī. Wǒ fēicháng xǐhuan.
艾米丽：这 个 菜 真 好吃。我 非常 喜欢。

注释(Notes):

The repetition of verbs

If a verb is used in the repetitive form such as "chángchang" or "shìshi", usually it has a tone of "trying to do".

Emily: What would you like to eat?
Li Jia: I would like Mapo tofu. I like eating spicy food.
Emily: I'm afraid I don't like spicy food.
Li Jia: Then let's go to have Shanghai cuisine.
(At the restaurant)
Emily: What about sweet-sour pork ribs?
Li Jia: This one is sweet. We can try.
(After the meal is served)
Emily: This one is really delicious. I like it very much.

Liànxí 练习 2 Practice 2

1. 替换练习 Substitution Exercise

e.g. A: Yúxiāng ròusī zěnmeyàng?
鱼香 肉丝 怎么样?

B: Yǒudiǎnr là, wǒ bù xǐhuan chī là de.
有点儿 辣,我 不 喜欢 吃 辣 的。

(1) A: ________ zěnmeyàng?
________ 怎么样?

B: Tài tián le, bù hǎochī.
太 甜 了,不 好吃。

(2) A: Hóngshāoròu __________?

红烧肉 __________?

B: Hěn hǎochī, wǒ xǐhuan chī ròu.

很 好吃，我 喜欢 吃 肉。

(3) A: Tángcù páigǔ zěnmeyàng?

糖醋 排骨 怎么样？

B: __________________.

2. 听录音，回答问题。

Listen to the recording and answer the questions.

(1) Tā xiǎng chī là de ma?

她 想 吃 辣 的 吗？

(2) Tā yào shénme?

她 要 什么？

(3) Tā diǎn le jǐ ge cài?

她 点 了 几 个 菜？

Zōnghé Liànxí
综合 练习 Comprehensive Practice

1. 听和读 Listen and Read

fúwùyuán	huānyíng	càidān	hái
shāoděng	kuài diǎnr	xiǎng	là

2. 实践活动 Practical Activity

两人一组，一人扮演服务员，一人扮演顾客，练习点菜、买单。

Work in pairs as customer and waiter /waitress to practice how to order and pay the bill.

Rénmín Fàndiàn
人民 饭店

cài
菜 (dishes)

yúxiāng ròusī	hóngshāoròu	gōngbǎo jīdīng	mápó dòufu
鱼香 肉丝	红烧肉	宫保 鸡丁	麻婆 豆腐

tāng
汤 (soup)

jīdàntāng	suānlàtāng
鸡蛋汤	酸辣汤

zhǔshí
主食 (staple food)

mǐfàn (wǎn)	shēngjiān (gè)	miàntiáo (wǎn)	mántou (gè)
米饭（碗）	生煎（个）	面条（碗）	馒头（个）

Hànzì 汉字 Chinese Characters

nín	zhè	nà	cài	dān
您	这	那	菜	单
qǐng	hái	yào	bié	zài
请	还	要	别	再
kuài	ér	xiǎng	chī	hěn
快	儿	想	吃	很

Wénhuà Zhīshi
文化 知识 | Cultural Knowledge

Four Major Chinese Cuisines

Chinese people are very particular about the color, aroma, taste, and form of culinary dishes. From the Ming (1368 – 1644) and Qing(1616 – 1911) dynasties, there arose eight schools of cuisine, among which the most famous are : Lu, Chuan, Huai, Yue (鲁、川、淮、粤).

Lu cuisine: It is famous for its strong flavor; Roast duck (kǎoyā) is its representative dish.

Chuan cuisine: It is famous for its spicy and hot food; but not all of them are spicy and hot. Kung-pao chicken (gōngbǎo jīdīng) is its representative dish.

Huai Cuisine: Most of the dishes are light and exquisite. Boiled and dried bean curd (dàzhǔ gānsī) is one example.

Yue cuisine: It is famous for its seafood as well as for its originality and refined cooking processes. Roast suckling pig (kǎorǔzhū) is the representative dish.

Bǔchōng Shēngcí
补充 生词
Supplementary Words

1.	烤鸭	kǎoyā	*n.*	roast duck
2.	宫保鸡丁	gōngbǎo jīdīng	*n.*	fried diced chicken with peanuts
3.	鸡蛋汤	jīdàntāng	*n.*	egg soup
4.	生煎	shēngjiān	*n.*	fried dumplings
5.	馒头	mántou	*n.*	steamed bread
6.	面条	miàntiáo	*n.*	noodles

Dì liù kè　　Qù túshūguǎn zěnme zǒu

第六课　去图书馆怎么走？

Lesson 6　How to get to the library?

Learning how to ask for directions and places
Learning how to talk to taxi drivers

Nǐ zhīdào ma 你 知道 吗	Do you know?

yī yuàn
医 院

yínháng
银 行

xuéxiào
学 校

túshū guǎn
图 书 馆

dìtiě zhàn
地铁 站

jīchǎng
机场

Shēngcí 生词 1 | New Words 1

1.	图书馆	túshūguǎn	*n.*	library
2.	怎么	zěnme	*adv.*	how
3.	走	zǒu	*v.*	to walk
4.	一直	yìzhí	*adv.*	straight; continually
5.	往	wǎng	*prep.*	towards
6.	前	qián	*adj.*	forward
7.	第	dì	*part.*	(No. prefix before a number)
8.	路口	lùkǒu	*n.*	crossing
9.	向	xiàng	*prep.*	to, towards
10.	左	zuǒ	*n.*	left
11.	右	yòu	*n.*	right
12.	拐	guǎi	*v.*	to turn
13.	从	cóng	*prep.*	from
14.	这里	zhèlǐ	*n.*	here
15.	到	dào	*prep.*	to
			v.	to arrive
16.	多远	duō yuǎn		how far
17.	远	yuǎn	*adj.*	far
18.	大约	dàyuē	*adv.*	about, approximately
19.	米	mǐ	*n.*	meter(s)
20.	客气	kèqi	*v.*	to be polite
21.	过	guò	*v.*	to cross

22. 马路	mălù	*n.*	road
23. 坐	zuò	*v.*	to sit
24. 地铁	dìtiě	*n.*	subway
25. 2 号线	èr hào xiàn	*n.*	Line 2
26. 站	zhàn	*n.*	station
27. 下车	xiàchē	*v.*	to get off (subway)
28. 人民公园	Rénmín Gōngyuán	*n.*	People's Park

Jùxíng
句型 1　Sentence Patterns 1

1. Qǐng wèn qù túshūguǎn zěnme zǒu?
请 问 去 图书馆 怎么 走？
Could you tell me how to get to the library?

Yìzhí wǎng qián zǒu, dì yī gè lùkǒu xiàng zuǒ guǎi.
一直 往 前 走，第 一 个 路口 向 左 拐。
Go straight ahead, then turn left at the first crossing.

2. Cóng zhèlǐ dào túshūguǎn yǒu duō yuǎn?
从 这里 到 图书馆 有 多 远?
How far is it from here to library?

Bù yuǎn, dàyuē 200 mǐ.
不 远, 大约 200 米。
Not too far, about 200 meters.

Huìhuà 会话 1 Dialogue 1

（一）

Àimǐlì : Nǐ hǎo, qǐng wèn qù túshūguǎn zěnme zǒu
艾米丽: 你 好, 请 问 去 图书馆 怎么 走?

xuésheng: Yìzhí wǎng qián zǒu, dì yī gè lùkǒu xiàng zuǒ guǎi.
学生 : 一直 往 前 走, 第 一 个 路口 向 左 拐。

Àimǐlì : Cóng zhèlǐ dào túshūguǎn yǒu duō yuǎn?
艾米丽: 从 这里 到 图书馆 有 多 远?

xuésheng: Bù yuǎn, dàyuē 200 mǐ.
学生 : 不 远, 大约 200 米。

Àimǐlì : Xièxie!
艾米丽: 谢谢!

xuésheng: Bú kèqi!
学生 : 不 客气!

（二）

Lǐ Jiā： Nǐ hǎo, qǐng wèn qù Rénmín
李佳：你 好，请 问 去 人民

Gōngyuán zěnme zǒu?
公园 怎么 走？

lùrén： Guò mǎlù, zuò dìtiě 2 hào xiàn.
路人：过 马路，坐 地铁 2 号 线。

Lǐ Jiā： Zài nǎ yí zhàn xiàchē?
李佳：在 哪 一 站 下车？

lùrén： Zài Rénmín Gōngyuán zhàn xiàchē.
路人：在 人民 公园 站 下车。

I

Emily: Hi, excuse me, could you tell me how to get to the library?

Student: Go straight down the street, and turn left at the first crossing.

Emily: How far is it from here to the library?

Student: Not too far, about 200 meters.

Emily: Thank you

Student: You are welcome!

II

Li Jia: Excuse me, can you tell me how to get to Renmin Park?

Passerby: Go across the street, and take line two.

Li Jia: Which station should I get off ?

Passerby: Renmin Park station.

Liànxí 练习 1 Practice 1

1. 认一认 Recognize

(　　　　　　)

(　　　　　　)

(　　　　　　)

(　　　　　　　　　　)

2. 说一说:去这些地方怎么走?

Talk: How to get these places?

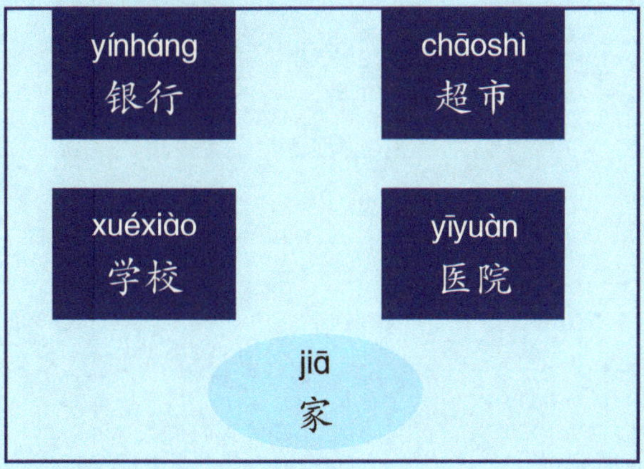

3. 补全对话。 Complete the dialogue.

A: Qǐng wèn qù Rénmín gōngyuán ________?
请问去人民公园________?

B: Nǐ kěyǐ zuò dìtiě yī hào xiàn.
你可以坐地铁1号线。

A: ____________________?

B: Chéngdū Běi Lù zhàn xiàchē.
成都北路站下车。

A: ____________________?

B: Bù yuǎn, dàyuē sān bǎi mǐ.
不远，大约300米。

A: Hǎo de, qù dìtiě zhàn zěnme zǒu?
好的，去地铁站怎么走?

B: ____________________。

A: Xièxie nǐ!
谢谢你!

B: Bú kèqi.
不客气。

Shēngcí 生词 2 New Words 2

1. 出租车	chūzūchē	*n.*	taxi
2. 师傅	shīfu	*n.*	(respect word to tradesman)
3. 机场	jīchǎng	*n.*	airport
4. 赶	gǎn	*v.*	to catch up with
5. 时间	shíjiān	*n.*	time (duration)
6. 吧	ba	*part.*	(indicating a request of confirmation)
7. 学	xué	*v.*	to learn
8. 汉语	Hànyǔ	*n.*	Chinese
9. 给	gěi	*v.*	to give
10. 发票	fāpiào	*n.*	receipt

Jùxíng 句型 2 Sentence Patterns 2

1. Nǐ shì Měiguó rén ba?
你 是 美国 人 吧? Are you American?

Nǐ shì yīshēng ba?
你 是 医生 吧? Are you a doctor?

2. Qǐng gěi wǒ fāpiào.
请 给 我 发票。 Please give me the receipt.

Qǐng gěi wǒ càidān.
请 给 我 菜单。 Would you please give me the menu?

注释(Notes):

Using "ba" to indicate a request of confirmation

If someone uses "吧(ba)" at the end of a question, it indicates a request of confirmation from the one that he/she is talking to.

Huìhuà 会话 2 Dialogue 2

(Mǎkè zuò chūzūchē qù jīchǎng.)
(马克 坐 出租车 去 机场。)

Mǎkè: Shīfu, nǐ hǎo, wǒ yào qù jīchǎng.
马克：师傅，你 好，我 要 去 机场。

shīfu: Hǎo de.
师傅：好 的。

Mǎkè: Shīfu, qǐng kuài diǎn, wǒ gǎn shíjiān.
马克：师傅，请 快 点，我 赶 时间。

shīfu: Nǐ shì Měiguó rén ba.
师傅：你 是 美国 人 吧。

Mǎkè: Shì de.
马克：是的。

shīfu: Nǐ zài Zhōngguó gōngzuò ma?
师傅：你 在 中国 工作 吗？

Mǎkè: Bù, wǒ zài Zhōngguó xué Hànyǔ.
马克：不，我 在 中国 学 汉语。

(zài jīchǎng)
(在 机场)

shīfu: dào le, wǔshí yuán.
师傅：到 了，五十 元。

Mǎkè: Qǐng gěi wǒ fāpiào.
马克：请 给 我 发票。

(Mark takes a taxi to go to the airport.)

Mark: Shifu, hello, I need to go to the airport.

Shifu: Okay.

Mark: Shifu, please hurry. I'm short of time.

Shifu: Are you American?

Mark: Yes.

Shifu: Do you work in China?

Mark: No, I study Chinese in China.

(At airport)

Shifu: Here we are. Fifty yuan.

Mark: Would you please give me a receipt?

Liànxí 练习 2 Practice 2

1. 替换练习 Substitution Practice

e. g. Qǐng gěi wǒ yí jiàn yīfu.
请 给 我 一 件 衣服。

wǒ 我	wǒmen 我们
tā 他	tāmen 他们

yí kuài miànbāo 一 块 面包	yì wǎn tāng 一 碗 汤
yí gè sānmíngzhì 一 个 三明治	yì běn shū 一 本 书

2. 听录音，判断正误。

Listen to the dialogue and tell if it is true or false.

(1) Tā qù kàn Dōngfāng Míngzhū.
他 去 看 东方 明珠。 (✔/✗)

(2) Tā zài Zhōngguó lǚyóu.
他 在 中国 旅游。 (✔/✗)

(3) Tā zài Zhōngguó xuéxí Hànyǔ.
他 在 中国 学习 汉语。 (✔/✗)

Zōnghé Liànxí 综合 练习 Comprehensive Practice

1. 听和读 Listen and Read

zuǒ yòu zěnme túshūguǎn yìzhí
shīfu jīchǎng fāpiào dìtiě zhàn

2. 做游戏:请到这里来。 Play a game: Directions.

一个同学闭上眼睛,根据其他同学的指令,走到规定的地方。

Close your eyes and walk to the designated spot according to your classmate's direction.

3. 实践活动 Practical Activity

画一张校园地图,图上包括下列地点。然后说一说从教学楼到其他地方怎么走。

Draw a campus map which includes the following places and then describe how to get other places from "jiàoxuélóu".

jiàoxuélóu	shítáng	túshūguǎn	tǐyùguǎn	cāochǎng
教学楼	食堂	图书馆	体育馆	操场

Hànzì 汉字 Chinese Characters

wèn	qù	zěn	zǒu	zhí
问	去	怎	走	直
wǎng	zuǒ	yòu	cóng	dào
往	左	右	从	到
yuǎn	zuò	dì	tiě	zhàn
远	坐	地	铁	站

Wénhuà Zhīshi 文化 知识	Cultural Knowledge

Ways of saying street's names in China

In China, there are various ways of saying street's names, such as Nánjīng Lù in Shanghai, Wángfǔjǐng Dàjiē, Mào'ér (Hat) Hútóng and Nánluógǔ (South gong and drum) Xiàng in Beijing. Street names can also include a direction word and their proper name, such as Běijīng Dōng Lù (Beijing East Street), Běijīng Xī Lù (Beijing West Street), Chéngdū Nán Lù (Chengdu South street), Chéngdū Běi Lù (Chengdu North street).

Bǔchōng Shēngcí
补充 生词
Supplementary Words

1. 银行	yínháng	*n.*	bank
2. 超市	chāoshì	*n.*	supermarket
3. 食堂	shítáng	*n.*	dining hall
4. 操场	cāochǎng	*n.*	playground
5. 体育馆	tǐyùguǎn	*n.*	gymnasium
6. 旅游	lǚyóu	*n.* & *v.*	(to) travel
7. 本	běn	*mw.*	(a measure word for books, etc.)
8. 东方明珠	Dōngfāng Míngzhū	*n.*	The Oriental Television Tower

Dì qī kè　　Nǐ de diànhuà hàomǎ shì duōshǎo

第七课　你的电话号码是多少？

Lesson 7　What's your phone number?

Learning how to ask for phone numbers

Learning how to talk about hobbies and leisure activities

Nǐ zhīdào ma
你 知道 吗 | Do you know?

pàng
胖

shòu
瘦

gāo
高

ǎi
矮

shuài
帅

piàoliang
漂 亮

Shēngcí 生词 1　New Words 1

1. 朋友	péngyou	*n.*	friend
2. 长	zhǎng	*v.*	(sb.) to look (like) ...
3. 得	de	*part.*	(symbol of complement)
4. 挺	tǐng	*adv.*	quite, rather
5. 帅	shuài	*adj.*	handsome
6. 高	gāo	*adj.*	tall
7. 瘦	shòu	*adj.*	slim
8. 在	zài	*adv.*	(symbol of progressive tense)
9. 打	dǎ	*v.*	to play; to call
10. 球	qiú	*n.*	ball
11. 网球	wǎngqiú	*n.*	tennis
12. 下次	xiàcì	*n.*	next time
13. 一起	yìqǐ	*adv.*	together

Jùxíng 句型 1 Sentence Patterns 1

1. Tā zhǎng de tǐng shuài de.
他长得挺帅的。He is quite handsome.
Zhè ge cài tǐng là de.
这个菜挺辣的。This dish is kind of spicy.

2. Tā zài dǎ wǎngqiú.
他在打网球。He is playing tennis.
Wǒmen zài shàngkè.
我们在上课。We are having class.

3. Xiàcì wǒmen kěyǐ hé tā yìqǐ dǎ wǎngqiú.
下次我们可以和他一起打网球。
Maybe next time we could play tennis with him together.
Wǒmen kěyǐ bā diǎn chī fàn.
我们可以八点吃饭。We can have dinner at eight.

4. Wǒ hé tā yìqǐ pǎobù.
我和他一起跑步。I run together with him.
Wǒ hé tā yìqǐ shàngkè.
我和他一起上课。I go to class together with him.

Huìhuà 会话 1 | Dialogue 1

Àimǐlì : Zhè shì shéi?
艾米丽：这 是 谁?

Lǐ Jiā : Tā shì wǒ de péngyou, Wáng Hàomíng.
李佳：他 是 我 的 朋友，王 浩明。

Àimǐlì : Tā zhǎng de tǐng shuài de.
艾米丽：他 长 得 挺 帅 的。

Lǐ Jiā: Duì, tā gāogāo de、shòushòu de.
李佳：对，他 高高 的、瘦瘦 的。

Àimǐlì : Tā zài dǎ qiú ma?
艾米丽：他 在 打 球 吗?

Lǐ Jiā: Shì de, tā zài dǎ wǎngqiú.
李佳：是 的，他 在 打 网球。

Àimǐlì : Wǒ yě xǐhuan dǎ wǎngqiú.
艾米丽：我 也 喜欢 打 网球。

Lǐ Jiā: Xiàcì wǒmen kěyǐ hé tā yìqǐ dǎ wǎngqiú.
李佳：下次 我们 可以 和 他 一起 打 网球。

注释(Notes)：

Reduplication of adjectives

When an adj. is reduplicated, it indicates a deep degree, usually with affection. It is usually used to make a description.

e. g. gāo → gāogāo de
shòu → shòushòu de

Emily: Who is this?
Li Jia: This is my friend, Wang Haoming.
Emily: He looks quite handsome.
Li Jia: Yes, he is tall and slim.
Emily: Is he playing a sport?
Li Jia: Yes, he is playing tennis.
Emily: I like playing tennis, too.
Li Jia: Maybe next time we can play with him.

Liànxí 练习 1 Practice 1

1. 说一说:他们在做什么?

Talk: What are they doing?

pǎo bù
跑步

dǎ lánqiú
打篮球

dǎ wǎngqiú
打 网球

tiàowǔ
跳舞

tī zúqiú
踢足球

dǎ pīngpāngqiú
打 乒乓球

2. 替换练习

Replace the underlined words with the following terms.

(1) Máoyī tǐng guì de.
毛衣挺贵的。

miànbāo 面包	tián 甜
dìtiězhàn 地铁站	yuǎn 远
tā 他	shòu 瘦

(2) Wǒ kěyǐ děngyiděng.
我可以等一等。

nǐ 你	chī là de 吃辣的
tā 他	diǎncài 点菜
wǒmen 我们	gǎn guòlái 赶过来

3. 用所给的词看图说话。

Talk based on the words and pictures given below.

dōu 都　yìqǐ 一起　hé 和　lánqiú 篮球　lǎoshī 老师

(1)

(2)

Shēngcí 生词 2 | New Words 2

1. 跟	gēn	*prep.*	with
2. 看	kàn	*v.*	to look
3. 正	zhèng	*adv.*	in the process of
4. 跑步	pǎobù	*v.*	to run
5. 嗨	hēi	*interj.*	Hi
6. 每	měi	*pron.*	every, per
7. 周	zhōu	*n.*	week
8. 下午	xiàwǔ	*n.*	afternoon
9. 空	kòng	*n.*	free time
10. 电话	diànhuà	*n.*	telephone
11. 号码	hàomǎ	*n.*	number

Jùxíng 句型 2 Sentence Patterns 2

1. Wǒmen qù dǎ wǎngqiú.
我们 去 打 网球。 Let's play tennis!

Wǒmen qù chī fàn.
我们 去 吃 饭。 Let's eat!

2. Wǒmen qù dǎ wǎngqiú ba.
我们 去 打 网球 吧。 Shall we go play tennis?

Wǒmen huí jiā ba.
我们 回 家 吧。 Shall we go home?

3. Tā zhèng pǎobù ne.
他 正 跑步 呢。 He is running.

Tā zhèng kàn shū ne.
他 正 看 书 呢。 He is reading.

Huìhuà 会话 2 Dialogue 2

Lǐ Jiā: Àimǐlì, wǒmen qù dǎ wǎngqiú ba.
李佳：艾米丽，我们 去 打 网球 吧。

Àimǐlì: Hǎo de, Wáng Hàomíng gēn wǒmen yìqǐ qù ma?
艾米丽：好 的，王 浩明 跟 我们 一起 去 吗？

Lǐ Jiā: Tā bú qù, kàn, tā zhèng pǎobù ne. Hēi, Wáng Hàomíng!
李佳：他 不 去，看，他 正 跑步 呢。嗨，王 浩明！

Wáng Hàomíng: Hēi, Lǐ Jiā!
王浩明：嗨，李佳！

Lǐ Jiā: Wáng Hàomíng, zhè shì Àimǐlì.
李佳：王 浩明，这 是 艾米丽。

Àimǐlì: Hěn gāoxìng rènshi nǐ.
艾米丽：很 高兴 认识 你。

Wáng Hàomíng: Wǒ yě hěn gāoxìng rènshi nǐ.
王浩明：我 也 很 高兴 认识 你。

Àimǐlì: Xiàcì kěyǐ yìqǐ dǎ wǎngqiú ma?
艾米丽：下次 可以 一起 打 网球 吗？

Wáng Hàomíng: Hǎo a. Wǒ měizhōu sān xiàwǔ dōu yǒukòng.
王浩明：好 啊。我 每 周 三 下午 都 有空。

Àimǐlì: Nǐ de diànhuà hàomǎ shì duōshǎo?
艾米丽：你 的 电话 号码 是 多少？

Wáng Hàomíng: Yāo sān èr – liù èr èr bā – bā jiǔ liù yāo.
王浩明：1 3 2 – 6 2 2 8 – 8 9 6 1。

Àimǐlì： Hǎo, xiàcì gěi nǐ dǎ diànhuà.
艾米丽： 好，下次给你打电话。

Li Jia: Emily, let's play tennis!
Emily: Okay, will Wang Haoming play with us?
Li Jia: No, he won't. Look, he is running. Hi, Wang Haoming!
Wang Haoming: Hi, Li Jia!
Li Jia: Wang Haoming, this is Emily.
Emily: Nice to meet you.
Wang Haoming: Nice to meet you, too.
Emily: Shall we play tennis next time?
Wang Haoming: Sure! I'm available every Wednesday afternoon.
Emily: What's your telephone number?
Wang Haoming: 132－6228－8961
Emily: Fine, I'll call you.

注释(Notes):

"每(měi)" means "every", and is almost always used together with "都(dōu) ..." to form "měi ... dōu ...". The subject of the sentence or the word of time is used in between.

e. g. 我每天都跑步。 (Wǒ měitiān dōu pǎobù.)
每个人都喜欢他。 (Měi gè rén dōu xǐhuan tā.)

Liànxí 练习 2 Practice 2

1. 听录音，回答下面的问题。

Listen to the recording and answer questions.

(1) Lǐ Míng qù pǎobù ma?
李明 去 跑步 吗？

(2) Lǐ Míng zhèng gān shénme ne?
李明 正 干 什么 呢？

(3) Lǐ Míng de diànhuà hàomǎ shì duōshǎo?
李明 的 电话 号码 是 多少？

2. 替换练习 Substitution Practice

A: Nǐ de diànhuà hàomǎ shì duōshǎo?
你 的 电话 号码 是 多少？

B: Wǒ de diànhuà hàomǎ shì 15221637896.
我 的 电话 号码 是 15221637896。

ménpái
门牌

xuéshēngzhèng
学生证

hùzhào
护照

3. 说一说　Talk

向同学们介绍一个你的新朋友。可以包括以下内容：

你们一起做什么？他/她的电话号码是多少？

Introduce your new friend to your classmates with following information: What do you usually do together and what's his/her telephone number.

Zōnghé Liànxí 综合练习　Comprehensive Practice

1. 听和读　Listen and Read

tǐng　gāo　shòu　gǎn　zhèng　zài　děng

wǎngqiú　xiàcì　kěyǐ　yìqǐ　hàomǎ　duōshǎo

2. 实践活动　Practical Activity

跟你的同学讨论爱好，并且邀请对方一起进行某种活动。

Talk about hobbies with your classmates, and then invite them to enjoy one of them with you.

提示 Hints

dǎ wǎngqiú 打 网球	dǎ lánqiú 打 篮球	tī zúqiú 踢 足球	dǎ pīngpāngqiú 打 乒乓球	
yóuyǒng 游泳	jiāoyóu 郊游	chī fàn 吃 饭	guàngjiē 逛街	chànggē 唱歌

kěyǐ 可以	yìqǐ 一起	xiàcì 下次	zài 再	děng 等

3. 照片展示 Photos Display

展示一张照片,介绍一下照片里的人。

Show the class a picture of your friends and introduce the people in it.

Hànzì 汉字 Chinese Characters

péng	yǒu	xǐ	huān	dǎ
朋	友	喜	欢	打
qiú	ma	gēn	qǐ	kě
球	吗	跟	起	可
yǐ	cì	ba	gāo	xìng
以	次	吧	高	兴

Wénhuà Zhīshi 文化 知识 Cultural Knowledge

The changing ways of greeting by Chinese people

With the development of society, the ways of greeting by Chinese people are constantly changing. In ancient times, people normally put their palms together devoutly and make a bow when meeting each other. When subordinates meet superiors or younger people meet elder people, they show respect on bending knees.

Nowadays, influenced by Western culture, handshaking, hugging, nodding their heads or smiling become more popular.

Bǔchōng Shēngcí
补充 生词
Supplementary Words

1.	篮球	lánqiú	*n.*	basketball
2.	跳舞	tiàowǔ	*n.*	dancing
3.	踢	tī	*v.*	to kick
4.	足球	zúqiú	*n.*	football
5.	乒乓球	pīngpāngqiú	*n.*	table tennis
6.	门牌	ménpái	*n.*	doorplate
7.	学生证	xuéshengzhèng	*n.*	student card
8.	护照	hùzhào	*n.*	passport
9.	郊游	jiāoyóu	*n.*	excursion
10.	游泳	yóuyǒng	*n.* & *v.*	swimming; to swim
11.	逛街	guàngjiē	*n.*	to go shopping
12.	唱歌	chànggē	*v.*	to sing

Dì bā kè　　Nǐ zhǎo wǒ yǒu shénme shì

第八课　你找我有什么事？

Lesson 8　What's up?

Learning how to make phone calls

Learning how to make an appointment

Nǐ zhīdào ma 你 知道 吗	Do you know?

kàn diànyǐng
看 电影

jùhuì
聚会

chàng kǎlā ok
唱 卡拉 OK

dǎ qiú
打 球

kàn yǎnchū
看 演出

dǎ májiàng
打 麻将

Shēngcí 生词 1 | New Words 1

1. 喂	wéi	*part.*	hello
2. 对	duì	*adj.*	right
3. 位	wèi	*mw.*	(a measure word for people)
4. 上班	shàngbān	*v.*	to go to work
5. 啊	ā	*part.*	(used at the end of a sentence as a modal particle)
6. 最近	zuìjìn	*adv.*	lately
7. 天气	tiānqì	*n.*	weather
8. 冷	lěng	*adj.*	cold
9. 热	rè	*adj.*	hot
10. 适合	shìhé	*v.*	to be suitable
11. 见面	jiànmiàn	*v.*	to meet
12. 场	chǎng	*n.*	(tennis, basketball) court
13. 一言为定	yìyánwéidìng		Deal!

Jùxíng 句型 1 Sentence Patterns 1

1. Wǒmen jǐ diǎn jiànmiàn?
我们 几 点 见面? What time do we meet?
Wǒmen liǎng diǎn jiànmiàn.
我们 两 点 见面。 We shall meet at two o'clock.

2. Wǒmen zài nǎr jiànmiàn?
我们 在 哪儿 见面?
Where shall we meet?
Wǒmen zài wǎngqiúchǎng jiànmiàn.
我们 在 网球场 见面。
We shall meet at the tennis court.

3. Wǒmen liǎng diǎn zài wǎngqiúchǎng jiànmiàn.
我们 两 点 在 网球 场 见面。
We shall meet at tennis court at two o'clock.
Xiàwǔ wǔ diǎn bàn zài cāntīng chī fàn.
下午 五 点 半 在 餐厅 吃 饭。
We shall have dinner in the restaurant at 17:30.

Huìhuà
会话 1 Dialogue 1

(Àimǐlì gěi Wáng Hàomíng dǎ diànhuà.)
(艾米丽给 王 浩明 打 电话。)

Wáng Hàomíng: Wéi? Nǐ hǎo!
王 浩明：喂？你 好！

Àimǐlì: Wéi, Nǐ hǎo. Qǐng wèn nǐ shì Wáng Hàomíng ma?
艾米丽：喂，你 好。请 问 你 是 王 浩明 吗？

Wáng Hàomíng: Duì, Wǒ shì Wáng Hàomíng. Nín shì nǎ wèi?
王 浩明：对，我 是 王 浩明。您 是 哪 位？

Àimǐlì: Wǒ shì Àimǐlì. Zuìjìn tiānqì bù lěng bú rè, shìhé yùndòng. Zhè zhōu sān xiàwǔ yìqǐ dǎ wǎngqiú ma?
艾米丽：我 是 艾米丽。最近 天气 不 冷 不 热，适合 运动。这 周 三 下午 一起 打 网球 吗？

Wáng Hàomíng: Hǎo a! Wǒmen jǐ diǎn jiànmiàn?
王 浩明：好 啊！我们 几 点 见面？

Àimǐlì: zhōu sān wǒ bú shàngbān, liǎng diǎn zài wǎngqiúchǎng jiànmiàn xíng ma?
艾米丽：周 三 我 不 上班， 两 点 在 网球场 见面 行 吗？

Wáng Hàomíng: Xíng, yìyánwéidìng!
王 浩明：行，一言为定！

(Emily is making a call to Wang Haoming.)

Wang Haoming: Hello?

Emily: Hello, is that Wang Haoming speaking?

Wang Haoming: Yes, it is Wang Haoming. Who is that?

Emily: This is Emily. The weather is neither cold nor hot lately, which is suitable for sports. Shall we play tennis together on Wednesday afternoon?

Wang Haoming: Great! When do we meet?

Emily: I don't work on Wednesday afternoon. What if we meet at the tennis court at 2 o'clock?

Wang Haoming: Fine, deal!

Liànxí
练习 1 Practice 1

1. 说一说：他们在做什么？ Talk: What are they doing?

kàn diànyǐng
看 电影

jiāoyóu
郊 游

guàng jiē
逛 街

jiànshēn
健 身

jùcān
聚餐

sàn bù
散 步

2. 用第一题的词语和下面的词语进行替换练习。

Use the words above and below to fill the blank.

diànyǐngyuàn 电影院	gōngyuán 公园	shāngchǎng 商场
jiànshēnfáng 健身房	cāntīng 餐厅	cāochǎng 操场
guǎngchǎng 广场	kāfēitīng 咖啡厅	yóuyǒngguǎn 游泳馆

A: Zhè zhōuliù xiàwǔ yìqǐ ________ma?
这 周六 下午 一起 ________吗?

B: Hǎo a, wǒmén zài nǎr jiànmiàn?
好 啊,我们 在 哪儿 见面?

A: Zài ________ jiànmiàn kěyǐ ma?
在 ________ 见面 可以 吗?

B: Xíng, yìyánwéidìng!
行,一言为定!

3. 补全对话。 Complete the dialogues.

A: ________? Nǐ hǎo!
________?你 好!

B: Wéi, nǐ hǎo. Qǐng wèn nǐ shì Wáng Hàomíng ma?
喂,你 好。请 问 你 是 王 浩明 吗?

A: Wǒ shì Wáng Hàomíng. ________________?
我 是 王 浩明。________________?

B: Wǒ shì Àimǐlì, (...........)
我 是 艾米丽,(...........)

Shēngcí 生词 2 | New Words 2

1. 找	zhǎo	*v.*	to look for
2. 开会	kāihuì	*v.*	to hold a meeting
3. 时候	shíhou	*n.*	time (point)
4. 回来	huílái	*v.*	to go back
5. 快	kuài	*adv.*	almost
6. 要	yào	*v.*	will
7. 等	děng	*v.*	to wait
8. 让	ràng	*v.*	to let
9. 事	shì	*n.*	thing
10. 明天	míngtiān	*n.*	tomorrow
11. 晚上	wǎnshang	*n.*	evening/ night
12. 电影	diànyǐng	*n.*	film
13. 呀	ya	*interj.*	
14. 可能	kěnéng	*adv.*	possibly
15. 明晚	míngwǎn	*n.*	tomorrow night
16. 见	jiàn	*v.*	to meet, to see

Jùxíng
句型 2 Sentence Patterns 2

1. Tā kuài yào huílái le.
她 快 要 回来 了。 She will be back soon.

Tā kuài huíguó le.
她 快 回国 了。 She will return home soon.

Tā yào xiàkè le.
他 要 下课 了。 His class will be dismissed soon.

2. Nǐ zhǎo wǒ yǒu shénme shì?
你 找 我 有 什么 事? What's up?

Tā zhǎo Àimǐlì.
他 找 艾米丽。 He is looking for Emily.

3. Tā kěnéng yǒushì.
他 可能 有事。 He probably got occupied.

Tā kěnéng méiyǒu huíjiā.
她 可能 没有 回家。 She probably didn't go home.

Huìhuà
会话 2 Dialogue 2

(Lǐ Jiā gěi Àimǐlì dǎ diànhuà, yuēdìng yìqǐ qù kàn diànyǐng.)
(李佳 给 艾米丽 打 电话，约定 一起 去 看 电影。)

Lǐ Jiā: Wéi? Nín hǎo!
李佳：喂？您 好！

tóngshì: Wéi, Nín hǎo! Nín zhǎo shéi?
同事：喂，您 好！您 找 谁？

Lǐ Jiā: Wǒ zhǎo Àimǐlì. Tā zài ma?
李佳：我 找 艾米丽。她 在 吗？

tóngshì: Tā bú zài, qù kāihuì le.
同事：她 不 在，去 开会 了。

Lǐ Jiā: Tā shénme shíhou huílái?
李佳：她 什么 时候 回来？

tóngshì: Tā kuài yào huílái le.
同事：她 快 要 回来 了。

Lǐ Jiā: Děng Àimǐlì huílái le, qǐng ràng tā gěi wǒ huí diànhuà, xièxiè.
李佳：等 艾米丽 回来 了，请 让 她 给 我 回 电话，谢谢。

(Àimǐlì kāi wán huì, gěi Lǐ Jiā huí diànhuà.)
(艾米丽 开 完 会，给 李佳 回 电话。)

Àimǐlì: Wéi, Lǐ Jiā. Nǐ zhǎo wǒ yǒu shénme shì?
艾米丽：喂，李佳。你 找 我 有 什么 事？

Lǐ Jiā: Míngtiān wǎnshang 7 diǎn qù kàn diànyǐng, hǎo ma?
李佳：明天 晚上 7 点 去 看 电影，好 吗？

Àimǐlì: Hǎo ya! Mǎkè hé wǒmen yìqǐ qù ma?
艾米丽：好 呀！马克 和 我们 一起 去 吗？

Lǐ Jiā: Mǎkè bú qù, tā kěnéng yǒushì.
李佳：马克 不 去，他 可能 有事。
Àimǐlì : Hǎo, míngwǎn jiàn!
艾米丽：好， 明晚 见!

(Li Jia is giving Emily a call, asking her to watch a movie together.)

Li Jia: Hello?
Colleague: Hello? Who would you like to speak to?
Li Jia: I would like to speak to Emily. Is she there?
Colleague: No, she went to a meeting.
Li Jia: When will she be back?
Colleague: Soon.
Li Jia: Would you please tell her to call me when she's back? Thanks!

(Emily calls back after the meeting.)

Emily: Hello, Li Jia. What's up?
Li Jia: Would you like to go to watch a movie tomorrow night? About 7 pm?
Emily: Sure, will Mark join us?
Li Jia: No, he won't. He is busy.
Emily: Fine, see you tomorrow night!

Liànxí
练习 2 Practice 2

1. 根据对话二，在空档处填写句子。

Fill the blank with sentences based on dialogue 2(conversations on the phone).

tíwèn 提问	huídá 回答
Nǐ huílái le ma? 你 回来 了 吗?	
	Wǒmen wǎnshang qù guàngjiē, 我们 晚上 去 逛街, hǎo ma? 好 吗?
Wǒmen yìqǐ qù chī fàn, 我们 一起 去 吃 饭, hǎo ma? 好 吗?	

2. 听录音，判断正误。

Listen to the recording and choose true or false.

(1) Lǐ Jiā hé Mǎkè zhōngwǔ yìqǐ qù chī fàn.
李佳 和 马克 中午 一起 去 吃 饭。 (✔/✗)

(2) Măkè zhōngwǔ yào gōngzuò.
马克 中午 要 工作。 (✔/✗)

(3) Lǐ Jiā hé Măkè wănshang bā diăn zài cāntīng jiànmiàn.
李佳 和 马克 晚上 八 点 在 餐厅 见面。 (✔/✗)

3. 两人一组模拟打电话，一个人邀请另一个人参加活动，可以参考下面的词语。

Work in pairs and pretend to call each other on the phone. Invite each other to attend an activity. (You can use the suggested words below.)

cānkăo cíhuì
参考 词汇

guàngjiē 逛街	păobù 跑步	chī fàn 吃 饭	kàn diànyǐng 看 电影
hē kāfēi 喝咖啡	yóuyǒng 游泳		

Zōnghé Liànxí 综合练习 Comprehensive Practice

1. 听和读 Listen and Read

jiànmiàn	yìyánwéidìng	wǎngqiú chǎng
kāihuì	shíhou	huílái
diànyǐng	kěnéng	wǎnshang

2. 实践活动 Practical Activity

两人一组,打电话和你的朋友约会,说明你们约会的时间、地点以及你们要去做什么。

Work in pairs and make plans for this evening. Pretend to call your friend, decide an activity, and a time and location to meet.

Hànzì 汉字 Chinese Characters

duì	nǎ	wèi	zhōu	wǔ
对	哪	位	周	午
ā	jiàn	miàn	xíng	zhǎo
啊	见	面	行	找
kāi	huì	shí	hòu	lái
开	会	时	候	来

Wénhuà Zhīshi
文化 知识 | Cultural Knowledge

The entertainment of young people

While hanging out with friends, young Chinese people have entertainments similar to those enjoyed by westerners, such as playing ball-games, watching movies and shows. However, there are entertainments with strong Chinese features, which include playing Mahjong, singing Karaoke and etc.

Bǔchōng Shēngcí
补充 生词
Supplementary Words

1. 逛街	guàngjiē	*v.*	to go shopping
2. 餐厅	cāntīng	*n.*	restaurant
3. 聚餐	jùcān	*n.*	dinner party
4. 健身	jiànshēn	*n.*	fitness
5. 散步	sànbù	*v.*	to go for a walk
6. 咖啡厅	kāfēitīng	*n.*	cafe
7. 游泳馆	yóuyǒngguǎn	*n.*	swimming pool

Dì jiǔ kè　　Wǒ de shǒujī ne

第九课　我的手机呢？

Lesson 9　Where is my cell phone?

Learning how to express the location of things and places

Nǐ zhīdào ma 你 知道 吗	Do you know?

shàngmian
上 面

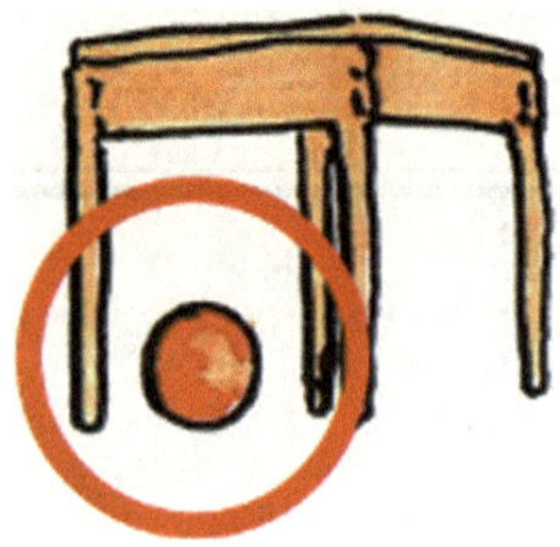

xiàmian
下 面

zuǒbian
左 边

yòubian
右 边

běi
北

xī
西

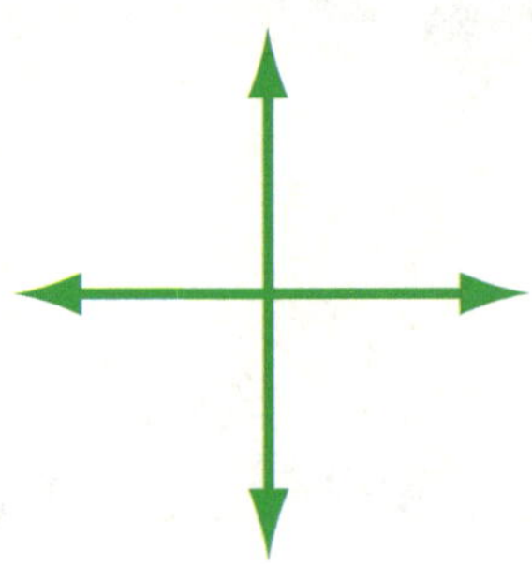

dōng
东

nán
南

Shēngcí 生词 1 | New Words 1

1. 手机	shǒujī	*n.*	cell phone
2. 包	bāo	*n.*	bag
3. 里	lǐ	*n.*	inside
4. 桌子	zhuōzi	*n.*	table
5. 了	le	*part.*	(modal particle)
6. 电脑	diànnǎo	*n.*	computer
7. 旁边	pángbiān	*n.*	beside
8. 一下	yíxià		one time (used after a verb to show a tone of trying)
9. 别	bié	*adv.*	Don't ...
10. 着急	zháojí	*adj.*	worry, anxious
11. 书	shū	*n.*	book
12. 下面/边	xiàmian/bian	*n.*	under

Jùxíng 句型 1 Sentence Patterns 1

1. Wǒ de shǒujī zài nǎr?
我 的 手机 在 哪儿？ Where is my cell phone?
Zài diànnǎo pángbiān.
在 电脑 旁边。 It is beside the computer.

2. Wǒ de shǒujī ne?
我 的 手机 呢？
Where is my cell phone?
Nǐ de shǒujī zài zhuōzi shàng.
你 的 手机 在 桌子 上。
Your cell phone is on the table.

3. Bié zháojí.
别 着急。 Don't worry.
Bié qù kāihuì.
别 去 开会。 Don't go to the meeting.

Huìhuà 会话 1 Dialogue 1

Àimǐlì : Wǒ de shǒujī ne?
艾米丽：我 的 手机 呢？

Lǐ Jiā: Zài bāo lǐ ma?
李佳：在 包 里 吗？

Àimǐlì : Bú Zài.
艾米丽：不 在。

Lǐ Jiā: Zài zhuōzi shàng ma?
李佳：在 桌子 上 吗？

Àimǐlì : Wǒ zhǎo le, yě méi yǒu.
艾米丽：我 找 了，也 没 有。

Lǐ Jiā: Zài diànnǎo pángbiān ma?
李佳：在 电脑 旁边 吗？

Àimǐlì : Wǒ kàn yíxià, yě bú zài.
艾米丽：我 看 一下，也 不 在。

Lǐ Jiā: Bié zháojí, zài zhǎozhao.
李佳：别 着急，再 找找。

Àimǐlì : Zài zhèr ne, zài shū xiàmian.
艾米丽：在 这儿 呢，在 书 下面。

注释(Notes)：

Modal Particle "了(le)"

The modal particle "了(le)" is placed at the end of a sentence to express an affirmative tone and influences its meaning as a whole. By adding "了(le)" to a sentence, the speaker indicates that an action has already taken place or a situation has emerged.

Emily: Where is my cell phone?
Li Jia: Is it in your bag?
Emily: No.
Li Jia: Is it on the table?
Emily: I looked there and it isn't there.
Li Jia: Is it next to the computer?
Emily: I'll take a look. No, it is not there.
Li Jia: Take it easy, just keep looking.
Emily: Oh, here, it is under the book.

Liànxí 练习 1 Practice 1

1. 根据图片替换句子。Substitution based on the pictures.

A: Wǒ de shǒujī ne?
我的手机呢？

B: Nǐ de shǒujī zài zhuōzi shàng.
你的手机在桌子上。

bēizi, zhuōzi
杯子，桌子

bēizi, diànnǎo
杯子，电脑

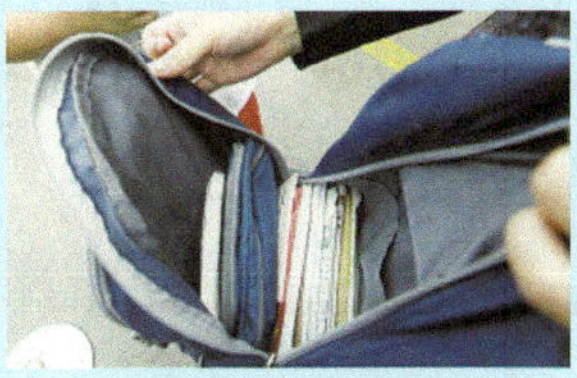

shū, shūbāo
书，书包

māo, zhuōzi
猫，桌子

2. 说一说：描述图中的物品在什么位置。

Talk: Describe the location of the items in the picture.

	bǐ	yǐzi	qiánbāo	xié	shāfā
Words：	笔	椅子	钱包	鞋	沙发

3. 补全对话。**Complete the dialogue.**

A: Wǒ de shū ne?
我 的 书 呢？

B: ______________________。

A: Zài shāfā xiàmian ma?
在 沙发 下面 吗？

B: ______________________。

A: Shū zài nǎr?
书 在 哪儿？

B: ______________________。

Shēngcí 生词 2 | New Words 2

1. 周末	zhōumò	*n.*	weekend
2. 来	lái	*v.*	to come
3. 玩	wán	*v.*	to play, to have fun
4. 西边	xībian	*n.*	west
5. 北边	běibian	*n.*	north
6. 那儿	nàr	*pron.*	there
7. 方便	fāngbiàn	*adj.*	convenient
8. 附近	fùjìn	*n.*	neighborhood
9. 超市	chāoshì	*n.*	supermarket
10. 学校	xuéxiào	*n.*	school
11. 对面	duìmiàn	*n.*	the other side of ...
12. 东边	dōngbian	*n.*	east
13. 南边	nánbian	*n.*	south
14. 还有	háiyǒu	*v.*	and /still have (other things)
15. 家	jiā	*mw.*	(a measure word for some commercial places or location)
16. 银行	yínháng	*n.*	bank

Jùxíng 句型 2 Sentence Patterns 2

1. Wǒ jiā fùjìn yǒu chāoshì hé xuéxiào.
我 家 附近 有 超市 和 学校。
There is a supermarket and a school near my home.

Xuéxiào fùjìn yǒu chēzhàn hé shūdiàn.
学校 附近 有 车站 和 书店。
There is a station and a bookstore near the school.

2. Chāoshì nánbian hái yǒu yì jiā yínháng.
超市 南边 还 有 一 家 银行。
There is a bank to the south of the supermarket.

Yīyuàn pángbiān yǒu yì jiā cāntīng, hái yǒu yí gè gōngyuán.
医院 旁边 有 一 家 餐厅，还 有 一 个 公园。
There is a restaurant beside the hospital, as well as a park.

Huìhuà 会话 2 Dialogue 2

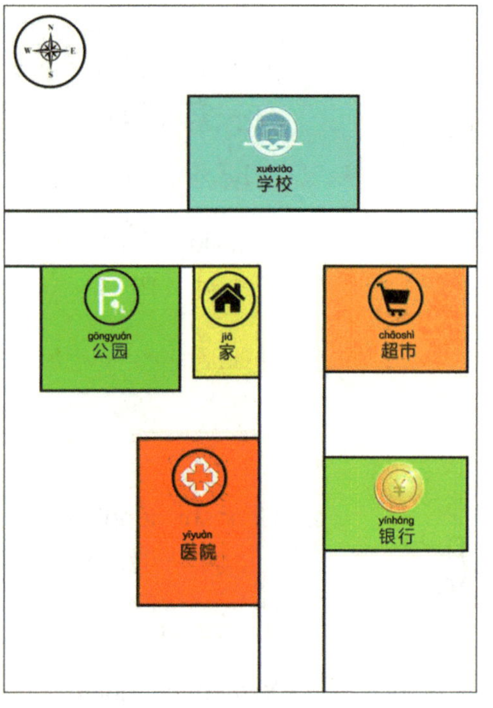

Àimǐlì： Lǐ Jiā, zhōumò lái wǒ jiā wán, hǎo ma?
艾米丽：李佳，周末 来 我 家 玩，好 吗？

Lǐ Jiā: Hǎo ya! Nǐ jiā zài nǎr?
李佳：好 呀！你 家 在 哪儿？

Àimǐlì： Wǒ jiā zài Zhōngshān Gōngyuán pángbiān.
艾米丽：我 家 在 中山 公园 旁边。

Lǐ Jiā: Zài Dì èr Yīyuàn xībian ma?
李佳：在 第 二 医院 西边 吗？

Àimǐlì： Bú shì, zài Dì èr Yīyuàn běibian.
艾米丽：不 是，在 第 二 医院 北边。

Lǐ Jiā: Nàr zěnmeyàng?
李佳：那儿 怎么样？

Àimǐlì： Tǐng fāngbiàn de. Wǒ jiā fùjìn yǒu chāoshì hé xuéxiào. Xuéxiào zài mǎlù duìmiàn, chāoshì zài wǒ jiā dōngbian. Chāoshì nánbian hái yǒu yì jiā yínháng.
艾米丽：挺 方便 的。我 家 附近 有 超市 和 学校。学校 在 马路 对面，超市 在 我 家 东边。超市 南边 还 有 一 家 银行。

Emily: Li Jia, would you like to hang out at my place this weekend?
Li Jia: Okay! Where is your home?
Emily: My home is beside Zhongshan Park.
Li Jia: Is it to the west of No. 2 Hospital?
Emily: No, it's to the north of No. 2 Hospital.
Li Jia: What does it look like?
Emily: It's pretty convenient. There is a supermarket and a school near my home. The school is on the other side of the road, the supermarket is to the east of my home, and there is a bank to the south of the supermarket.

Liànxí 练习 2 Practice 2

1. 看地图，说说这些地方在哪儿。

Look at the map and talk about the location of places.

dōngbian 东边	xībian 西边	nánbian 南边
běibian 北边	fùjìn 附近	pángbiān 旁边
duìmiàn 对面		

例: A: Túshūguǎn zài nǎr?

图书馆 在 哪儿?

B: Zài kāfēitīng de pángbiān.

在 咖啡厅 的 旁边。

2. 听录音,判断正误。

Listen to the recording and choose true or false.

(1) Tā yào qù Gōngshāng Yínháng.

她 要 去 工商 银行。 (✔/✗)

(2) Biànlìdiàn zài Gōngshāng Yínháng de pángbiān.

便利店 在 工商 银行 的 旁边。 (✔/✗)

(3) Biànlìdiàn de fùjìn yǒu yígè kāfēitīng.

便利店 的 附近 有 一个 咖啡厅。 (✔/✗)

Zōnghé Liànxí
综合 练习 Comprehensive Practice

1. 听和读 Listen and Read

shǒujī diànnǎo pángbiān bié

zháojí xiàmian zhōumò fùjìn

duìmiàn jiā yínháng chāoshì

2. 两人一组，每人选择一个你所在的城市中你想去的地方，说一说你为什么想去，和它的位置。

Work in pairs. Choose a place in your city that you want to go, explain why and then tell its location.

Words:

dōng	xī	nán	běi
东	西	南	北

3. 请你画一张你家附近的地图，告诉大家你家在哪儿，附近都有什么？

Draw a map of your neighborhood, tell us the location of your home and what's around it.

Hànzì 汉字 Chinese Characters

shǒu	jī	ne	bāo	lǐ
手	机	呢	包	里
zhuō	zǐ	diàn	nǎo	páng
桌	子	电	脑	旁
biān	kàn	zháo	jí	wán
边	看	着	急	玩

Wénhuà Zhīshi
文化 知识 | Cultural Knowledge

Geographic Names in China

The names of places in China often include words of direction (east, south, west and north), which represent the cities' location. Examples for provinces are: Shandong, Shanxi, Henan, Hebei, Guangdong, Guangxi, Hainan, Hunan, Hubei, Jiangxi, etc. Examples for cities are: Beijing, Beihai, Nanjing, Nanning, Xi'an, Xining, Dongying, Dongguan and etc.

Bǔchōng Shēngcí
补充 生词
Supplementary Words

1. 杯子 bēizi *n.* cup
2. 书包 shūbāo *n.* bag
3. 钱包 qiánbāo *n.* purse, wallet
4. 椅子 yǐzi *n.* chair
5. 沙发 shāfā *n.* sofa
6. 猫 māo *n.* cat
7. 便利店 biànlìdiàn *n.* convenience store
8. 工商银行 Gōngshāng Yínháng *n.* ICBC (Industrial and Commercial Bank of China)

Dì shí kè　　Nǐ zěnme le

第十课　你怎么了？

Lesson 10　Are you feeling sick?

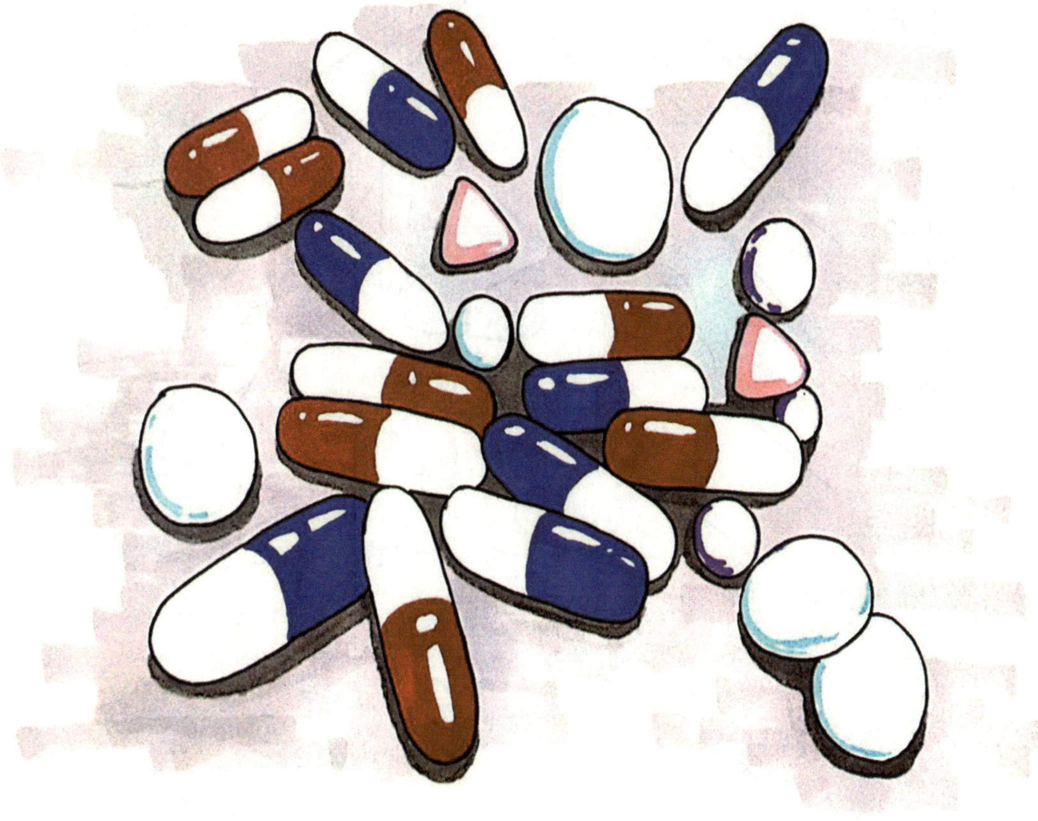

Learning some vocabulary for the human body

Learning how to ask about and describe one's health

Nǐ zhīdào ma 你 知道 吗	Do you know?

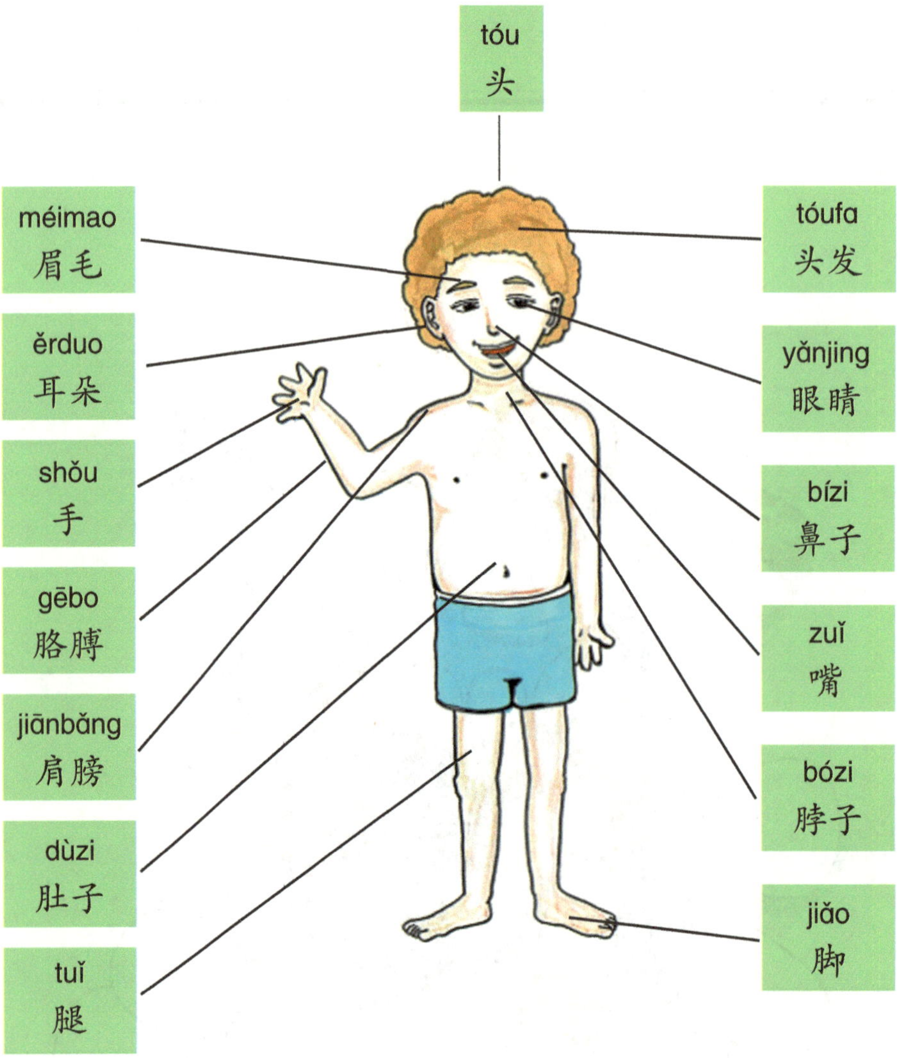

Shēngcí 生词 1 | New Words 1

1. 舒服	shūfu	*adj.*	comfortable
2. 哪里	nǎli	*pron.*	where
3. 嗓子	sǎngzi	*n.*	throat
4. 疼	téng	*adj.*	sore, hurt, painful
5. 头	tóu	*n.*	head
6. 发烧	fāshāo	*v.*	to have a fever
7. 昨天	zuótiān	*n.*	yesterday
8. 淋雨	línyǔ	*v.*	to get wet in the rain
9. 药	yào	*n.*	pill, medicine
10. 打算	dǎsuàn	*v.*	to intend, to be going to
11. 帮	bāng	*v.*	to help
12. 请假	qǐngjià	*v.*	to ask for leave

Jùxíng 句型 1 Sentence Patterns 1

1. Nǐ zěnme le?
你 怎么 了？ How do you feel?
Wǒ yǒu diǎnr bù shūfu.
我 有 点儿 不 舒服。 I am a little uncomfortable.

2. Kěnéng shì fāshāo le.
可能 是 发烧 了。 He probably has a fever.
Mǎkè kěnéng shēngbìng le.
马克 可能 生病 了。 Mark is probably sick.

3. Wǒ bāng nǐ qǐngjià ba.
我 帮 你 请假 吧。
I will ask for a sick leave for you.
Tā bāng wǒ mǎi zǎofàn.
他 帮 我 买 早饭。
He bought breakfast for me.

Huìhuà
会话 1 Dialogue 1

Lǐ Jiā: Mǎkè, nǐ zěnme le?
李佳：马克，你 怎么 了？

Mǎkè: Wǒ yǒu diǎnr bù shūfu.
马克：我 有 点儿 不 舒服。

Lǐ Jiā: Nǐ nǎli bù shūfu?
李佳：你 哪里 不 舒服？

Mǎkè: Wǒ sǎngzi téng, tóu yě yǒu diǎnr téng.
马克：我 嗓子 疼，头 也 有 点儿 疼。

Lǐ Jiā: Nǐ shì bu shì fāshāo le?
李佳：你 是 不 是 发烧 了？

Mǎkè: Kěnéng shì fāshāo le. Wǒ zuótiān huíjiā de shíhou línyǔ le.
马克：可能 是 发烧 了。我 昨天 回家 的 时候 淋雨 了。

Lǐ Jiā: Nǐ chī yào le ma?
李佳：你 吃 药 了 吗？

Mǎkè: Méi yǒu. Wǒ dǎsuàn qù yīyuàn.
马克：没 有。我 打算 去 医院。

Lǐ Jiā: Wǒ bāng nǐ qǐngjià ba.
李佳：我 帮 你 请假 吧。

Li Jia: Mark, are you feeling ill?
Mark: I'm a little sick.
Li Jia: Where exactly?
Mark: My throat hurts and I have a little headache.
Li Jia: Do you have a fever?
Mark: Maybe, I got wet in the rain when I went home yesterday.
Li Jia: Did you have any medicine?
Mark: No, I'm going to the hospital.
Li Jia: I'll ask for a sick leave for you.

Liànxí 练习 1 | Practice 1

1. 说一说，他们哪里不舒服？

Talk: What's the matter with them?

(　　　　)

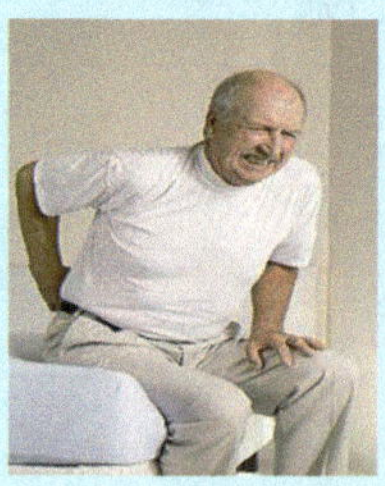
(　　　　)

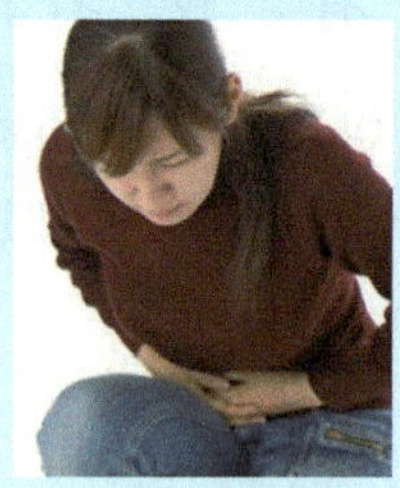
(　　　　)

2. 根据对话一，选择合适的句子和同伴对话。

Choose appropriate sentences to make a dialogue with your partner based on dialogue 1.

tíwèn 提问	huídá 回答
Nǐ zěnme le? 你 怎么 了？	
	Wǒ sǎngzi téng. 我 嗓子 疼。
Nǐ shì bu shì fāshāo le? 你 是 不是 发烧 了？	
	Méi yǒu. 没 有。

3. 看图片，猜一猜他们在说什么。

Construct a dialogue based on the picture.

Words：

téng 疼	fāshāo 发烧
shūfu 舒服	yào 药

Shēngcí 生词 2 New Words 2

1. 咳嗽	késou	*v.*	to cough
2. 觉得	juéde	*v.*	to feel
3. 量	liáng	*v.*	to measure
4. 体温	tǐwēn	*n.*	body temperature
5. 度	dù	*n.*	degree
6. 需要	xūyào	*v.*	to need
7. 打针	dǎzhēn	*v.*	to give/have an injection
8. 不用	búyòng	*v.*	no need, not necessarily
9. 饭	fàn	*n.*	meal
10. 后	hòu	*n.*	after
11. 天	tiān	*n.*	day
12. 次	cì	*mw.*	time (how many times)
13. 片	piàn	*mw.*	(a measure word usually for pills)
14. 多	duō	*adv.*	more
15. 水	shuǐ	*n.*	water

Jùxíng
句型 2 Sentence Patterns 2

1. Wǒ késou, juéde sǎngzi téng.
我 咳嗽，觉得 嗓子 疼。
I have a cough, and my throat hurts.

Tā juéde dùzi téng.
她 觉得 肚子 疼。
She has a stomachache.

2. Yì tiān sān cì, yí cì liǎng piàn.
一 天 三 次，一 次 两 片。
Three times a day, two pills each time.

Yì tiān sì cì, yí cì sì piàn.
一 天 四 次，一 次 四 片。
Four times a day, four pills each time.

Huìhuà
会话 2 Dialogue 2

yīshēng: Nǐ nǎr bù shūfu?
医生：你 哪儿 不 舒服？

Mǎkè: Wǒ késou, juéde sǎngzi téng.
马克：我 咳嗽，觉得 嗓子 疼。

yīshēng: Nǐ fāshāo ma?
医生：你 发烧 吗？

Mǎkè: Wǒ kěnéng yǒu diǎnr fāshāo.
马克：我 可能 有 点儿 发烧。

yīshēng: Nǐ liáng yí xià tǐwēn ba.
医生：你 量 一 下 体温 吧。

……

yīshēng: 38 dù 7, nǐ fāshāo le.
医生：38 度 7，你 发烧 了。

Mǎkè: Yīshēng, wǒ xūyào dǎzhēn ma?
马克：医生，我 需要 打针 吗？

yīshēng: Búyòng, chī diǎnr yào jiù kěyǐ le.
医生：不用，吃 点儿 药 就 可以 了。

Mǎkè: Hǎo de.
马克：好 的。

yīshēng: Zhè ge yào fàn hòu chī, yì tiān sān cì, yí cì liǎng piàn. Duō hē shuǐ.
医生：这 个 药 饭 后 吃，一 天 三 次，一 次 两 片。多 喝 水。

注释(Notes)：

"就(jiù)" is used before a verb to indicate that it's easy to fulfill the requirement of the purpose.

Mǎkè: Xièxie yīshēng!

马克：谢谢 医生！

Doctor: Are you feeling ill?

Mark: I have a cough and a sore throat.

Doctor: Do you have a fever?

Mark: Maybe a little.

Doctor: Then let's get your temperature.

……

Doctor: It's 38.7℃. You have a fever.

Mark: Doc, do I need to have an injection?

Doctor: Not necessarily. You can just have some pills.

Mark: Okay.

Doctor: Take the pills after meals, three times a day with two pills each time and drink more water.

Mark: Thanks, Doc!

Liànxí 练习 2 Practice 2

1. 替换练习 Substitution Practice

(1) Wǒ tóu téng.
我 头 疼。

sǎngzi	dùzi	yá
嗓子	肚子	牙

(2) Yǒudiǎnr fāshāo.
有点儿 发烧。

késou	guì	tián
咳嗽	贵	甜

(3) Wǒ dǎsuàn qù yīyuàn.
我 打算 去 医院。

yínháng	xuéxiào
银行	学校

(4) Xūyào dǎzhēn ma?
需要 打针 吗?

chīyào	qǐngjià
吃药	请假

2. 听录音,回答问题。

Listen to the recording and answer the questions.

(1) Tā nǎli bù shūfu?
他 哪里 不 舒服?

(2) Tā qù kàn yīshēng le ma?
他 去 看 医生 了 吗?

(3) Tā qǐngjià le ma?
他 请假 了 吗?

3. 看图片完成句子。

Complete the sentences based on the pictures.

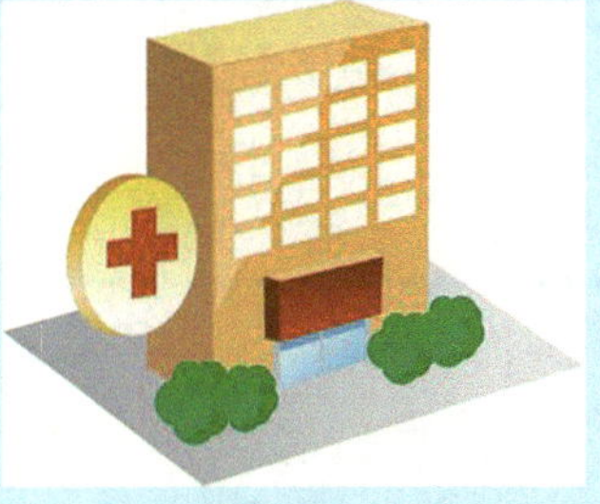

Lǐ Míng gǎnmào le, ________________.
李明感冒了，________________。

Lǐ Míng qù kàn yīshēng,
李明去看医生，
yīshēng shuō ________________.
医生说________________。

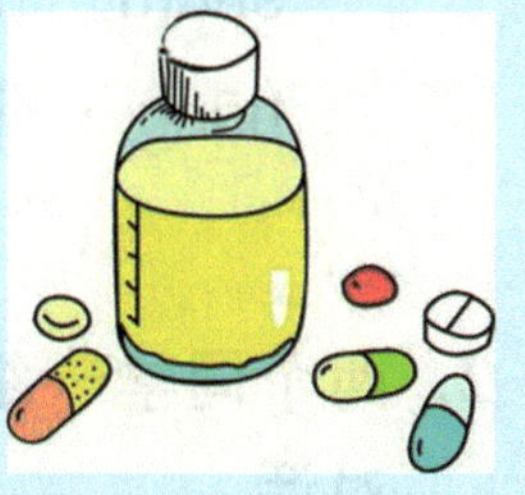

Lǐ Míng huí jiā le,
李明回家了，
māma shuō ________________.
妈妈说________________。

Zōnghé Liànxí 综合 练习 Comprehensive Practice

1. 听和读 Listen and Read

shūfu nǎli fāshāo téng yào dǎsuàn

bāng juéde xūyào cì búyòng

2. 两个同学一组，一人扮演医生，一人扮演病人，参考下图，进行对话。

Work in pairs. One person plays the doctor and the other the patient and use the picture given below to make dialogues.

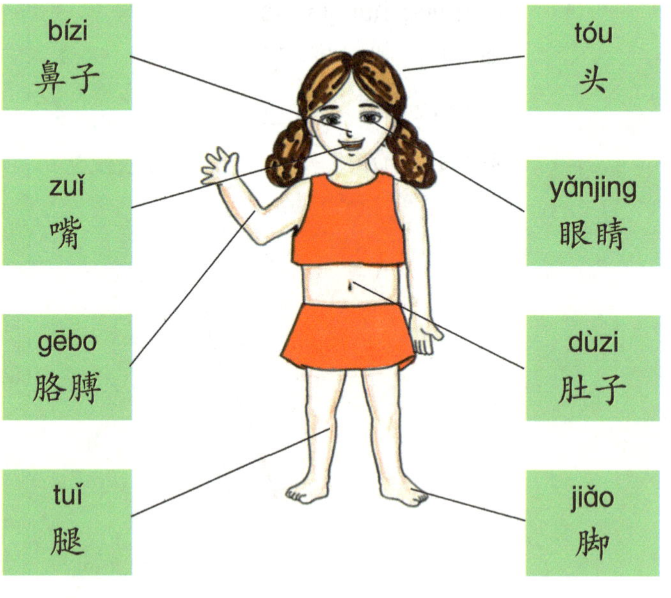

3. 告诉大家你不舒服时会做什么。

Tell everybody what will you do when you feel sick.

Hànzì 汉字 Chinese Characters

le	shū	fú	tóu	téng
了	舒	服	头	疼
néng	yào	suàn	bāng	jià
能	药	算	帮	假
jué	dé	zuó	yòng	piàn
觉	得	昨	用	片

Wénhuà Zhīshi 文化 知识	Cultural Knowledge

Four diagnostic methods

Traditional Chinese medicine adopts four unique ways of diagnosis, which are inspection diagnose (wàng), auscultation diagnose (wén), interrogation diagnose (wèn) and palpation diagnose (qiè). Wàng: To diagnose based on the color of the body such as tongue, face and eyes. Wén: Listen to the sound and smelling. Wèn: Ask patients about their symptoms. Qiè: Take the pulse.

Bǔchōng Shēngcí 补充 生词 Supplementary Words

1. 腰	yāo	*n.*	waist
2. 肚子	dùzi	*n.*	belly
3. 牙	yá	*n.*	tooth
4. 肩膀	jiānbǎng	*n.*	shoulder
5. 胳膊	gēbo	*n.*	arm
6. 手	shǒu	*n.*	hand
7. 脚	jiǎo	*n.*	foot
8. 腿	tuǐ	*n.*	leg
9. 背	bèi	*n.*	back

Dì shíyī kè Wǒ xiǎng jiè jǐ běn Hànyǔ shū

第十一课 我想借几本汉语书

Lesson 11 I want to borrow some Chinese books

Learning the expressions related to the library

Learning how to express capability and possibility

Nǐ zhīdào ma
你知道吗 | Do you know?

qù túshūguǎn jiè shū
去 图书馆 借 书

qù shūdiàn mǎi shū
去 书店 买 书

shàngwǎng chá zīliào
上网 查 资料

shàngwǎng mǎi shū
上网 买 书

Shēngcí 生词 1 New Words 1

1. 会	huì	*v.*	can (skill)
2. 说	shuō	*v.*	to talk
3. 中文	Zhōngwén	*n.*	Chinese (language)
4. 能	néng	*v.*	can (allowed by the condition)
5. 本	běn	*mw.*	(a measure word for books)
6. 借	jiè	*v.*	to borrow
7. 卡	kǎ	*n.*	card
8. 办理	bànlǐ	*v.*	to deal with
9. 楼	lóu	*n.*	floor
10. 大厅	dàtīng	*n.*	hall
11. 填	tián	*v.*	to fill
12. 下班	xiàbān	*v.*	to finish work (end of day)
13. 申请	shēnqǐng	*v. & n.*	to apply; application
14. 表	biǎo	*n.*	form
15. 就	jiù	*prep.*	as soon as
16. 上午	shàngwǔ	*n.*	morning
17. 以后	yǐhòu	*n.*	after

Jùxíng
句型 1 Sentence Patterns 1

1. Nǐ huì shuō Hànyǔ ma?
你 会 说 汉语 吗？ Can you speak Chinese?

Nǐ huì chànggē ma?
你 会 唱歌 吗？ Are you good at singing?

2. Wǒ néng shuō yìdiǎnr Hànyǔ.
我 能 说 一点儿 汉语。
I can speak a little Chinese.

Tā néng kànjiàn tiānshàng de fēijī.
他 能 看见 天上 的 飞机。
He can see the plane in the sky.

注释(Notes)：

"会(huì)" and "能(néng)"

"会(huì)" expresses the grasp of a skill through learning here.

"能(néng)" expresses possibility provided by circumstances or reason.

Huìhuà
会话 1 Dialogue 1

(Mǎkè zài túshūguǎn jiè shū.)
(马克 在 图书馆 借 书。)

guǎnlǐyuán: Nǐ huì shuō Zhōngwén ma?
管理员：你 会 说 中文 吗?

Mǎkè: Wǒ néng shuō yìdiǎnr Zhōngwén.
马克：我 能 说 一点儿 中文。

guǎnlǐyuán: Nǐ jiè shénme shū?
管理员：你 借 什么 书?

Mǎkè: Liǎng běn Zhōngwén shū.
马克：两 本 中文 书。

guǎnlǐyuán: Nǐ yǒu jièshūkǎ ma?
管理员：你 有 借书卡 吗?

Mǎkè: Méi yǒu.
马克：没 有。

guǎnlǐyuán: Méi yǒu jièshūkǎ, bù néng jiè shū.
管理员：没 有 借书卡，不 能 借 书。

Mǎkè: Qǐng wèn zěnme bànlǐ jièshūkǎ?
马克：请 问 怎么 办理 借书卡?

guǎnlǐyuán: Zài èr lóu de dàtīng, tián shēnqǐngbiǎo jiù kěyǐ le.
管理员：在 二 楼 的 大厅，填 申请表 就 可以 了。

Mǎkè: Wǒ xiànzài qù kěyǐ ma?
马克：我 现在 去 可以 吗?

guǎnlǐyuán: Xiànzài xiàbān le, bù néng bànlǐ. Qǐng nǐ míngtiān shàngwǔ bā diǎn
管理员：现在 下班 了，不 能 办理。请 你 明天 上午 八 点

yǐhòu qù bànlǐ.
以后 去 办理。

Mǎkè: Hǎo de, xièxie.
马克：好 的，谢谢。

(Mark is borrowing books in the library.)

Librarian: Can you speak Chinese?

Mark: I can speak a little Chinese.

Librarian: What do you want to borrow?

Mark: Two Chinese Books.

Librarian: Do you have library card?

Mark: No.

Librarian: You can't borrow books if you don't have a card.

Mark: How can I get a library card?

Librarian: Go to the hall on the second floor to complete the application.

Mark: Can I go now?

Librarian: It's closed so the application can't be processed now. You can go there at 8 a. m. tomorrow morning.

Mark: Okay, thank you.

Liànxí
练习 1 Practice 1

1. 连线并说一说他们在做什么。

Link the two parts together and talk about the things they do.

hē píjiǔ
喝 啤酒

yòng kuàizi chīfàn
用 筷子 吃饭

xiě Hànzì
写 汉字

dǎ májiàng
打 麻将

2. 用以上图片内容替换划线处词语。

Use the pictures above to substitute the underlined part.

e. g. Wǒ néng/huì xiě Hànzì.
我 能/会 写 汉字。

3. 说一说：根据你的情况回答问题。

Talk: Answer the questions based on your case.

(1) Nǐ huì shuō Hànyǔ ma?
你 会 说 汉语 吗？

(2) Nǐ huì zuòfàn ma?
你 会 做饭 吗？

(3) Nǐ huì kāichē ma?
你 会 开车 吗？

(4) Nǐ huì yóuyǒng ma?
你 会 游泳 吗？

(5) Nǐ huì huà huà ma?
你 会 画 画 吗？

(6) Nǐ huì tán gāngqín ma?
你 会 弹 钢琴 吗？

Shēngcí 生词 2　New Words 2

1. 陪	péi	*v.*	to keep somebody's company
2. 问题	wèntí	*n.*	problem
3. 同学	tóngxué	*n.*	classmate
4. 学生	xuésheng	*n.*	student
5. 带	dài	*v.*	to bring
6. 麻烦	máfan	*v.*	to bother
7. 写	xiě	*v.*	to write
8. 汉字	Hànzì	*n.*	Chinese character
9. 对不起	duìbuqǐ	*v.*	sorry
10. 只	zhǐ	*adv.*	only
11. 工作日	gōngzuòrì	*n.*	business/working day
12. 办	bàn	*v.*	to process

Jùxíng
句型 2　Sentence Patterns 2

1. Nǐ dǎsuàn jièshū ma?
你 打算 借书 吗?　Are you going to borrow books?

Wǒ dǎsuàn qù chāoshì.
我 打算 去 超市。　I'm going to the supermarket.

2. Wǒ xiǎng jiè jǐ běn Hànyǔ shū.
我 想 借几本 汉语 书。
I want to borrow some Chinese books.

Tā xiǎng bàn kǎ.
他 想 办卡。
He wants to apply for a card.

3. Nǐ néng péi wǒ qù túshūguǎn ma?
你 能 陪我去 图书馆 吗?
Could you accompany me to the library?

Nǐ néng péi wǒ yìqǐ dǎ wǎngqiú ma?
你 能 陪我一起打 网球 吗?
Could you play tennis with me?

Huìhuà 会话 2 Dialogue 2

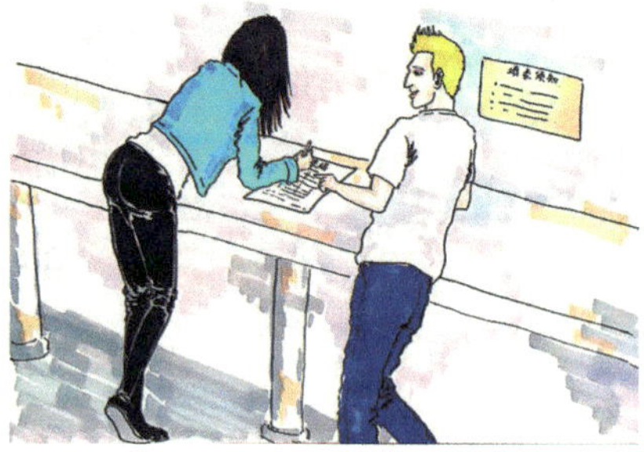

Mǎkè: Lǐ Jiā, wǒ xiǎng qù túshūguǎn bànlǐ jièshūkǎ, nǐ néng péi wǒ qù ma?
马克：李佳，我 想 去 图书馆 办理 借书卡，你 能 陪 我 去 吗？

Lǐ Jiā: Nǐ dǎsuàn jiè shū ma?
李佳：你 打算 借 书 吗？

Mǎkè: Shì de, wǒ xiǎng jiè jǐ běn Hànyǔ shū.
马克：是 的，我 想 借 几 本 汉语 书。

Lǐ Jiā: Hǎo de, méi wèntí.
李佳：好 的，没 问题。

(Mǎkè hé Lǐ Jiā zǒu dào túshūguǎn.)
（马克 和 李佳 走 到 图书馆。）

Mǎkè: Nín hǎo, wǒ xiǎng bànlǐ jièshūkǎ.
马克：您 好，我 想 办理 借书卡。

guǎnlǐyuán: Tóngxué, nǐ dài xuéshēngkǎ le ma?
管理员：同学，你 带 学生卡 了 吗？

Mǎkè: Dài le.
马克：带 了。

guǎnlǐyuán: Máfan nǐ tián yíxià shēnqǐngbiǎo. Duì le, nǐ huì xiě Hànzì ma?
管理员：麻烦 你 填 一下 申请表。对 了，你 会 写 汉字 吗？

Mǎkè: Duìbuqǐ, wǒ zhǐ huì yìdiǎnr …… Lǐ Jiā, nǐ néng bāng wǒ tián
马克：对不起，我 只 会 一点儿 …… 李佳，你 能 帮 我 填

注释 (Notes)：

Here "几(jǐ)" means "several", not "how many" as in a question.

shēnqǐngbiǎo ma?
申请表 吗?

Lǐ Jiā: Hǎo!
李佳: 好!

Mǎkè: Qǐng wèn shénme shíhou kěyǐ bàn hǎo?
马克: 请 问 什么 时候 可以 办 好?

guǎnlǐyuán: Wǔ gè gōngzuòrì kěyǐ bàn hǎo.
管理员: 五 个 工作日 可以 办 好。

Mǎkè: Xíng, wǒ xià ge xīngqī lái.
马克: 行,我 下 个 星期 来。

Mark: Li Jia, I want to get a library card from the library, can you come with me?

Li Jia: Are you going to borrow books?

Mark: Yes, I want to borrow some Chinese books.

Li Jia: Sure, no problem.

(Mark and Li Jia go to the library.)

Mark: Hello, I would like to apply for a library card.

Librarian: Do you bring the student card?

Mark: Yes, I do.

Librarian: Would you please fill the application form? Right! Can you write with Chinese characters?

Mark: Sorry, I can only write a little .... Li Jia, can you help me with the application form?

Li Jia: Sure.

Mark: When can I get my library card?

Librarian: You can have it in five business days.

Mark: Sure, I'll come here next week.

Liànxí 练习 2 Practice 2

1. 认一认 Recognize

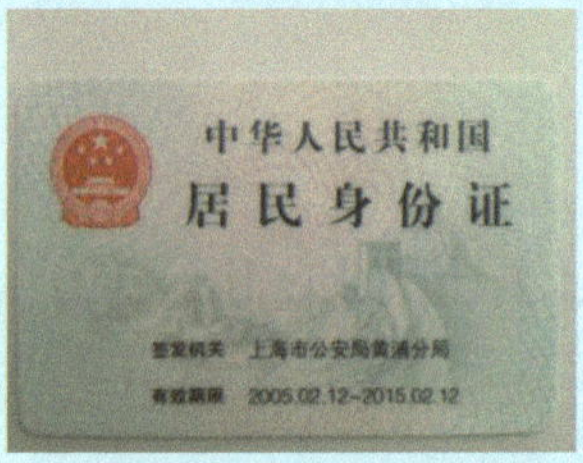

2. 替换练习 Substitution Practice

(1) Wǒ dǎsuàn jiè jǐ běn shū.
我打算借几本书。
mǎi gè píngguǒ
(买个苹果)

(2) Nǐ dài jièshūkǎ le ma?
你带借书卡了吗?
yínhángkǎ / hùzhào
(银行卡 / 护照)

(3) Nǐ huì xiě Hànzì ma?
你会写汉字吗?
shuō Hànyǔ
(说汉语)

3. 听录音，判断正误。

Listen to the recording and choose true or false .

(1) Tā dǎsuàn péi tā qù túshūguǎn.
他 打算 陪 她 去 图书馆。 (✔/✗)

(2) Tā dài le xuéshēngkǎ.
他 带 了 学生卡。 (✔/✗)

(3) Xuéshēngzhèng wǔ tiān kěyǐ bàn hǎo.
学生证 五 天 可以 办 好。 (✔/✗)

Zōnghé Liànxí 综合 练习 Comprehensive Practice

1. 听和读 Listen and Read

Zhōngwén shū	jièshūkǎ	bànlǐ	èr lóu
dàtīng	shēnqǐngbiǎo	máfan	duìbuqǐ
gōngzuòrì	xīwàng		

2. 两人一组，一人扮演管理员，一人扮演借书的人，组织一段对话。

Work in pairs. Construct a dialogue in which one person plays the role of the librarian and the other person plays the role of student.

Hànzì 汉字 Chinese Characters

shuō	zhōng	wén	jiè	shū
说	中	文	借	书
běn	kǎ	tīng	jiù	bàn
本	卡	厅	就	办
bān	míng	hòu	tóng	xué
班	明	后	同	学

Wénhuà Zhīshi
文化 知识 Cultural Knowledge

China's Contribution to Human Literacy

China has made significant contribution in human literacy. Paper making and the printing press have close ties to China. Paper making was improved by Cai Lun in Eastern Han dynasty (25 to 220 A. D.). From then on, people entered the era of paper writing. Bi Sheng in Northern Song dynasty (960 to 1127 A. D.) invented movable type printing, which helped the spreading of books and knowledge around the world.

Bǔchōng Shēngcí
补充 生词
Supplementary Words

1.	筷子	kuàizi	*n.*	chopsticks
2.	麻将	májiàng	*n.*	Mahjong
3.	啤酒	píjiǔ	*n.*	beer
4.	开车	kāichē	*v.*	to drive the car
5.	画	huà	*v.*	to draw
6.	弹	tán	*v.*	to play (piano)
7.	钢琴	gāngqín	*n.*	piano
8.	身份证	shēnfènzhèng	*n.*	ID card
9.	银行卡	yínhángkǎ	*n.*	bank card

Dì shí'èr kè　　Wǒ xiǎng huàn Rénmínbì

第十二课　我想换人民币

Lesson 12　I would like to exchange for RMB

Learning the expressions related to the bank

Learning how to express big numbers

Nǐ zhīdào ma 你 知道 吗	Do you know?

Měiyuán
美元

Ōuyuán
欧元

Yīngbàng
英镑

Rì yuán
日元

Hányuán
韩元

Rén mínbì
人民币

Shēngcí 生词 1 New Words 1

1. 换	huàn	*v.*	to exchange
2. 千	qiān	*num.*	thousand
3. 护照	hùzhào	*n.*	passport
4. 先	xiān	*adj.*	first
5. 张	zhāng	*mw.*	piece (a measure word for paper)
6. 对	duì	*prep.*	versus
7. 汇率	huìlǜ	*n.*	exchange rate
8. 万	wàn	*num.*	ten thousand
9. 百	bǎi	*num.*	hundred
10. 零	líng	*num.*	zero
11. 点	diǎn	*n.*	point, dot
12. 确认	quèrèn	*v.*	to confirm
13. 签字	qiānzì	*v.*	to sign
14. 数	shǔ	*v.*	to count
15. 美元	Měiyuán	*n.*	U. S. dollar
16. 人民币	Rénmínbì	*n.*	RMB

Jùxíng 句型 1 | Sentence Patterns 1

1. Qǐng xiān tián yíxià zhè zhāng biǎo.
请 先 填 一下 这 张 表。
Please fill this form first.

Wǒmen xiān chī fàn, ránhòu kàn diànyǐng.
我们 先 吃 饭，然后 看 电影。
We will have dinner first, and then watch a movie.

2. Nín kěyǐ huàn yí wàn liǎng qiān sì bǎi líng yī diǎn liù yuán Rénmínbì.
您 可以 换 一 万 两 千 四 百 零 一 点 六 元 人民币。
You can exchange for 12,401.6 RMB in total.

Cóng Shànghǎi dào Niǔyuē yǒu yí wàn sì qiān wǔ bǎi gōnglǐ.
从 上海 到 纽约 有 一 万 四 千 五 百 公里。
It is 14,500 kilometers from Shanghai to New York.

Huìhuà
会话 1 Dialogue 1

Mǎkè: Nǐ hǎo, wǒ xiǎng huàn Rénmínbì.
马克：你 好，我 想 换 人民币。

yínháng zhíyuán: Nǐ yào huàn duōshǎo?
银行 职员：你 要 换 多 少？

Mǎkè: Wǒ zhèlǐ yǒu liǎng qiān Měiyuán. Néng huàn duōshǎo Rénmínbì?
马克：我 这里 有 两 千 美元。能 换 多少 人民币？

yínháng zhíyuán: Nǐ dài hùzhào le ma?
银行 职员：你 带 护照 了 吗？

Mǎkè: Dài le.
马克：带 了。

yínháng zhíyuán: Qǐng xiān tián yíxià zhè zhāng biǎo.
银行 职员：请 先 填 一下 这 张 表。

Mǎkè: Tián hǎo le, gěi nǐ.
马克：填 好 了，给 你。

yínháng zhíyuán: Jīntiān Měiyuán duì Rénmínbì de huìlǜ shì 6.2008.
银行 职员：今天 美元 对 人民币 的 汇率 是 6.2008。

Nín kěyǐ huàn yí wàn liǎng qiān sì bǎi líng yī diǎn liù yuán
您 可以 换 一 万 两 千 四 百 零 一 点 六 元

Rénmínbì. Qǐng nín quèrèn hòu zài biǎo shàng qiānzì.
人民币。请 您 确认 后 在 表 上 签字。

Mǎkè: Hǎo de, xièxie.
马克：好 的，谢谢。

yínháng zhíyuán: Zhè shì nín de qián, qǐng shǔshu.
银行 职员：这 是 您 的 钱，请 数数。

Mǎkè: Duì le, xièxie.
马克：对 了，谢谢。

yínháng zhíyuán: Bú kèqi.
银行 职员：不 客气。

Mark: Hello, I would like to exchange for some RMB.
The bank clerk: How much do you want?
Mark: I have two thousand dollars. How much RMB can I get?
The bank clerk: Do you bring your passport?
Mark: Yes.
The bank clerk: Please fill this form first.
Mark: Done, here you are.
The bank clerk: The exchange rate today for dollars and RMB is 6.2008. You can exchange for 12,416 RMB in total. Please sign the form to confirm.
Mark: Okay, thanks.
The Bank clerk: This is your money. Please check it.
Mark: Right, thanks.
The bank clerk: You are welcome.

Liànxí
练习 1　Practice 1

1. 认一认　Recognize

Rénmínbì
人民币

yínháng kǎ
银行卡

Měiyuán
美元

huì lǜ
汇率

qiānzhèng
签证

hùzhào
护照

2. 请大家合作完成下列表格，并回答问题。

Work together to complete the form below and answer the questions.

bì zhǒng 币 种	huì lǜ 汇率
Ōuyuán 欧元	
Měiyuán 美元	
Yīngbàng 英镑	
Rì yuán 日元	

(1) Nǐ huàn shénme qián?
你 换 什么 钱？

(2) Nǐ yào huàn de qián duì
你 要 换 的 钱 对
Rénmínbì de huìlǜ shì duōshǎo?
人民币 的 汇率 是 多少？

3. 说一说你去银行换钱的经历。可参考以下问题：

Talk about the experience you have about money exchange. You may use the sentences below:

(1) Nǐ huàn shénme qián? Huìlǜ shì duōshǎo?
你 换 什么 钱？汇率 是 多少？

(2) Nǐ huàn le duōshǎo qián?
你 换 了 多少 钱？

(3) Huàn qián xūyào dài shénme zhèngjiàn?
换 钱 需要 带 什么 证件（certificates）？

Shēngcí 生词 2 New Words 2

1. 先生	xiānsheng	*n.*	sir
2. 小姐	xiǎojiě	*n.*	madam, miss
3. 丢	diū	*v.*	to lose (some belongings)
4. 新	xīn	*adj.*	new
5. 出示	chūshì	*v.*	to show
6. 遍	biàn	*mw.*	times (how many times)
7. 首先	shǒuxiān	*adv.*	firstly
8. 然后	ránhòu	*adv.*	then
9. 分钟	fēnzhōng	*n.*	minute
10. 左右	zuǒyòu	*adv.*	about, or so

Jùxíng 句型 2 Sentence Patterns 2

1. Wǒ yào bàn yì zhāng xīn kǎ.
我要办一张新卡。
I would like to reapply for a card.

Tiān hēi le, wǒ yào huí jiā.
天黑了，我要回家。
It's dark. I'm going home.

2. Wǒ yào kàn yí cì yīshēng.
我要看一次医生。
I am going to see the doctor.

Qǐng nín zài shuō yí biàn.
请您再说一遍。
Please repeat your words.

Wǒ de hùzhào diū le, wǒ yào qù yí tàng dàshǐguǎn.
我的护照丢了，我要去一趟大使馆。
I lost my passport. I'm going to the embassy.

Huìhuà
会话 2 Dialogue 2

yínháng zhíyuán: Xiānsheng, nín yǒu shénme xūyào?
银行 职员：先生，您有什么需要？

Mǎkè: Wǒ de kǎ diū le, wǒ yào bàn yì zhāng xīn kǎ.
马克：我的卡丢了，我要办一张新卡。

yínháng zhíyuán: Hǎo de, qǐng shāo děng. Qǐng nín tiánxiě shēnqǐngbiǎo, chūshì hùzhào.
银行 职员：好的，请稍等。请您填写申请表，出示护照。

Mǎkè: Shénme? Qǐng nín zài shuō yí biàn.
马克：什么？请您再说一遍。

yínháng zhíyuán: Shǒuxiān, qǐng chūshì nín de hùzhào, ránhòu qǐng nín tiánxiě shēnqǐngbiǎo.
银行 职员：首先，请出示您的护照，然后请您填写申请表。

Mǎkè: Hǎo de.
马克：好的。

yínháng zhíyuán: Qǐng nín quèrèn hòu qiānzì.
银行 职员：请您确认后签字。

Mǎkè: Hǎo de. Qǐng wèn xūyào jǐ fēnzhōng kěyǐ bàn hǎo?
马克：好的。请问需要几分钟可以办好？

yínháng zhíyuán: Wǔ fēnzhōng zuǒyòu.
银行 职员：五分钟左右。

The bank clerk: Sir, what can I do for you?

Mark: I lost my card, and I need to get a new card.

The bank clerk: Okay, a moment. Please fill this application form and show me your passport.

Mark: Excuse me, can you say that again?

The bank clerk: First, show your passport and then please fill the application form.

Mark: Okay.

The bank clerk: Please sign here after you confirmed.

Mark: Okay, how long does it take?

The bank clerk: About five minutes.

Liànxí
练习 2 Practice 2

1. 看图片补充句子。

Complete the sentences based on the pictures.

fùxí 复习	chī fàn 吃饭	lǚxíng 旅行	huí jiā 回家

e.g. Wǒ de kǎ diū le, wǒ yào <u>bàn yì zhāng xīn kǎ</u>.
我的卡丢了，我要<u>办一张新卡</u>。

(1) Fàngxué le, wǒ yào ______________________.
放学了，我要______________________。

(2) Tài è le, wǒ yào ______________________.
太饿了，我要______________________。

(3) Kuài kǎoshì le, wǒ yào ______________________.
快考试了，我要______________________。

(4) Fàngjià le, wǒ yào ______________________.
放假了，我要______________________。

2. 用所给句式，串联下列句子。

Connect the sentences with the pattern given below:

shǒuxiān, ránhòu,
首先，……，然后，……

(1) Qù chāoshì gòuwù.
去 超市 购物。

(2) Qù yóujú jì dōngxi.
去 邮局 寄 东西。

(3) Qù yínháng huànqián.
去 银行 换钱。

3. 听录音，选择正确答案。

Listen to the recording and choose the right answer.

(1) Tā yào zuò shénme?
他 要 做 什么？

A. Bàn yì zhāng xīn kǎ
办 一 张 新 卡

B. Bàn hùzhào
办 护照

(2) Tā yīnggāi xiān zuò shénme?
他 应该 先 做 什么？

A. Chūshì hùzhào
出示 护照

B. Tián shēnqǐngbiǎo
填 申请表

(3) Hùzhào shénme shíhou néng bàn hǎo?
护照 什么 时候 能 办 好？

A. 15 hào
15 号

B. 8 hào
8 号

Zōnghé Liànxí 综合练习 Comprehensive Practice

1. 听和读 **Listen and Read**

huàn xiān duì quèrèn qiānzì

Rénmínbì xiānsheng xūyào chūshì zuǒyòu

2. 你们国家的货币用中文怎么说，它们对人民币的汇率是多少。

How do you say the currency of your country in Chinese? What is the exchange rate between it and RMB?

3. 分组角色扮演，一人是银行职员，其他人是顾客，银行职员帮助顾客办理业务。

Role play in different groups. One plays the bank clerk and the other plays the client who wants to exchange money.

Hànzì 汉字 Chinese Characters

huàn	mín	bì	qiān	wàn
换	民	币	千	万
líng	měi	yuán	dài	hù
零	美	元	带	护
zhào	xiān	gěi	kè	qì
照	先	给	客	气

Wénhuà Zhīshi
文化 知识 Cultural Knowledge

The Evolution of the Currency in Ancient China

Great changes of the form of currency have taken place in China since ancient times. The initial form was the shell money. Next, metal coins were developed due to the improvement of metal smelting technology, such as the groschen used in Spring and Autumn period (770 to 476 B. C.). The round square hole wire coin was developed in Warring States period (475 to 221 B. C.) and the Wuzhu coin in Han dynasty (202 B. C. to 220 A. D.). Later, paper money was invented because of the heaviness and inconvenience of metal pieces. The earliest paper money —"Jiao Zi" appeared in Northern Song dynasty period (960 to 1127 A. D.) and spread rapidly because of its easy-to-carry nature.

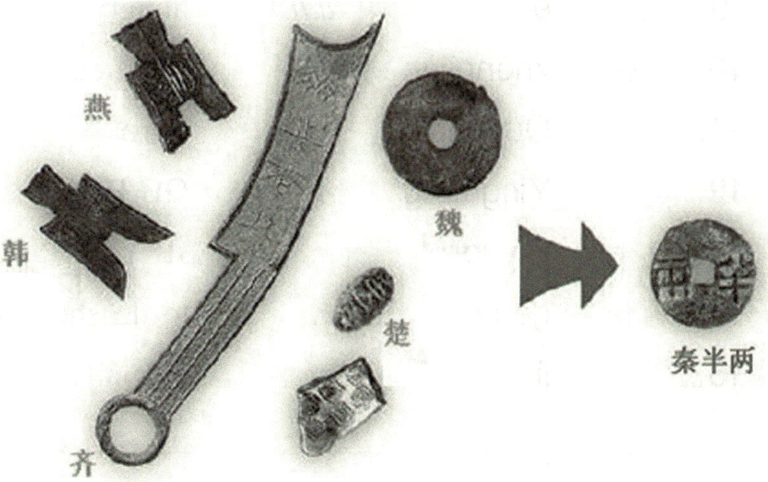

Bǔchōng Shēngcí
补充 生词
Supplementary Words

1.	签证	qiānzhèng	*n.*	visa
2.	复习	fùxí	*v.*	to review
3.	吃饭	chī fàn	*v.*	to eat
4.	旅行	lǚxíng	*v.*	to travel
5.	回家	huí jiā	*v.*	to go home
6.	放假	fàngjià	*v.*	to take a holiday
7.	放学	fàngxué	*v.*	to finish school
8.	考试	kǎoshì	*v. & n.*	(to take) exam
9.	饿	è	*adj.*	hungry
10.	证件	zhèngjiàn	*n.*	certificate
11.	欧元	Ōuyuán	*n.*	Euro
12.	英镑	Yīngbàng	*n.*	GB Pound
13.	日元	Rìyuán	*n.*	JP Yen
14.	购物	gòuwù	*v.*	to do shopping
15.	寄	jì	*v.*	to mail, to post

Dì shísān kè　　Qǐng bǎ zhuōzi shōushi yíxià

第十三课　请把桌子收拾一下

Lesson 13　　Please clear the table

Learning the expressions for housework

Learning the "bǎ" sentence

Nǐ zhīdào ma 你 知道 吗	Do you know?

zuò fàn
做 饭

xǐ wǎn
洗 碗

tuō dì
拖地

xǐ yīfu
洗衣服

cā chuāng
擦 窗

shōushi fángjiān
收 拾 房 间

Shēngcí 生词 1 | New Words 1

1.	阿姨	āyí	*n.*	aunt; maid
2.	把	bǎ	*prep.*	(In a "bǎ" construction, the object of a verb is placed after the function word "bǎ".)
3.	孩子	háizi	*n.*	children
4.	衣服	yīfu	*n.*	clothes
5.	换	huàn	*v.*	to change
6.	厚	hòu	*adj.*	thick
7.	脏	zāng	*adj.*	dirty
8.	洗	xǐ	*v.*	to wash
9.	地板	dìbǎn	*n.*	floor
10.	擦	cā	*v.*	to mop
11.	收拾	shōushi	*v.*	to clean up
12.	知道	zhīdào	*v.*	to know
13.	碗	wǎn	*n.*	bowl
14.	杯子	bēizi	*n.*	cup

Jùxíng 句型 1 Sentence Patterns 1

Bǎ dìbǎn cā yíxiàr.
把地板擦一下儿。 Please mop the floor.

Bǎ yīfu gěi wǒ.
把衣服给我。 Please give me the clothes.

注释(Notes):

The "把(bǎ)" sentence is used when it needs to emphasize how the object of a verb is disposed of and what result is caused.

The word order of a sentence is:

Subject + "把(bǎ)" + object + verb + other elements (like the influence or result of the action)

The negative adverbs "不(bù)" or "没有(méi yǒu)" should be placed before "把(bǎ)".

e. g. 我没有把饭吃完。(Wǒ méi yǒu bǎ fàn chī wán.)

Huìhuà 会话 1 Dialogue 1

Àimǐlì : Āyí, qǐng bǎ háizi de yīfu huàn yíxiàr. Huàn yí jiàn hòu
艾米丽：阿姨，请 把 孩子 的 衣服 换 一下儿。换 一 件 厚
yìdiǎnr de yīfu.
一点儿 的 衣服。

āyí : Hǎo. Zāng yīfu yào xǐ ma?
阿姨：好。脏 衣服 要 洗吗？

Àimǐlì : Yào, zài bǎ dìbǎn cā yíxiàr.
艾米丽：要，再 把 地板 擦 一下儿。

āyí : Xíng. zhīdào le .
阿姨：行。知道 了。

Àimǐlì : Qǐng bǎ zhuōzi shōushi yíxiàr. Wǎn hé bēizi dōu yào xǐ.
艾米丽：请 把 桌子 收拾 一下儿。碗 和 杯子 都 要 洗。

āyí : Méi wèntí.
阿姨：没 问题。

Emily: Āyí, would you please change the baby's clothes to a warmer one?

The nanny: Okay, do you want me to wash the clothes?

Emily: Yes, and also mop the floor please.

The nanny: Okay.

Emily: Please clean the table and wash the bowls and cups.

The Nanny: No problem.

Liànxí 练习 1 | Practice 1

1. 连一连:他们在做什么。 Link: What are they doing?

zuò fàn
做 饭

xǐ yīfu
洗 衣服

cā chuānghu
擦 窗户

xǐ wǎn
洗 碗

2. 用"把"改写句子。 Rewrite the sentences with "bǎ".

e. g. Wǒ sǎo dì. 我扫地。 → Wǒ bǎ dì sǎo yíxià. 我把地扫一下。

(1) Wǒ cā dìbǎn.
我擦地板。

(2) Wǒ huàn yīfu.
我换衣服。

(3) Wǒ shōushi zhuōzi.
我收拾桌子。

Shēngcí 生词 2 New Words 2

1. 生日	shēngrì	*n.*	birthday
2. 早	zǎo	*adj.*	early
3. 过来	guòlái	*v.*	to come over
4. 商店	shāngdiàn	*n.*	store
5. 蔬菜	shūcài	*n.*	vegetable
6. 肉	ròu	*n.*	meat
7. 鸡蛋	jīdàn	*n.*	egg
8. 水果	shuǐguǒ	*n.*	fruit
9. 饮料	yǐnliào	*n.*	drink, beverage
10. 苹果	píngguǒ	*n.*	apple
11. 香蕉	xiāngjiāo	*n.*	banana
12. 西瓜	xīguā	*n.*	watermelon
13. 另外	lìngwài	*adv.*	besides
14. 忘记	wàngjì	*v.*	to forget
15. 花	huā	*n.*	flower
16. 房间	fángjiān	*n.*	room
17. 勺子	sháozi	*n.*	spoon
18. 筷子	kuàizi	*n.*	chopstick
19. 放	fàng	*v.*	to put
20. 上	shàng	*prep.*	above
21. 挂	guà	*v.*	to hang
22. 衣柜	yīguì	*n.*	wardrobe

Jùxíng 句型 2 Sentence Patterns 2

1. Hái yào bǎ wǎn、sháozi、kuàizi fàng zài zhuōzi shàng.
还 要 把 碗、勺子、筷子 放 在 桌子 上。
Please also put bowls, spoons and chopsticks on the table.
Háizi bǎ shū fàng zài dìbǎn shàng.
孩子 把 书 放 在 地板 上。
The child put the book on the floor.

2. Bǎ Jiékè de xīn yīfu guà dào yīguì lǐ.
把 杰克 的 新 衣服 挂 到 衣柜 里。
Put Jack's new clothes in the wardrobe.
Qǐng bǎ zāng yīfu fàng dào xǐyījī lǐ.
请 把 脏 衣服 放 到 洗衣机 里。
Please put dirty clothes in the washing machine.

Huìhuà
会话 2 Dialogue 2

(Míngtiān Àimǐlì de érzi Jiékè guò shēngrì.)
(明天 艾米丽 的 儿子 杰克 过 生日。)

Àimǐlì : Míngtiān shì Jiékè de shēngrì, zhōngwǔ Jiékè de tóngxué men lái jiā lǐ chī fàn, nǐ míngtiān shàngwǔ zǎo diǎnr guòlái, hǎo ma?
艾米丽：明天 是杰克的 生日， 中午 杰克的 同学 们 来家里 吃饭，你 明天 上午 早点儿过来，好吗？

āyí : Hǎo.
阿姨：好。

Àimǐlì : Míngtiān shàngwǔ nǐ yào dào shāngdiàn mǎi diǎnr shūcài、ròu、jīdàn、shuǐguǒ hé yǐnliào.
艾米丽：明天 上午 你要到 商店 买点儿蔬菜、肉、鸡蛋、水果 和 饮料。

āyí : Xíng. Jiékè xǐhuan chī píngguǒ、xiāngjiāo hé xīguā, wǒ duō mǎi yìdiánr.
阿姨：行。杰克 喜欢 吃 苹果、 香蕉 和 西瓜，我 多 买 一点儿。

Àimǐlì : Duì. Lìngwài, bú yào wàngjì mǎi xiē huār.
艾米丽：对。另外，不 要 忘记 买 些 花儿。

āyí : Méi wèntí. Míngtiān wǒ yào bǎ fángjiān shōushi yíxiàr ma?
阿姨：没 问题。明天 我 要 把 房间 收拾 一下儿 吗？

Àimǐlì : Yào, hái yào bǎ wǎn、sháozi、kuàizi fàng zài zhuōzi shàng.
艾米丽：要，还 要 把 碗、勺子、筷子 放 在 桌子 上。

āyí : Xíng.
阿姨：行。

Àimǐlì : Bǎ Jiékè de xīn yīfu guà dào yīguì lǐ.
艾米丽：把 杰克 的 新 衣服 挂 到 衣柜 里。

āyí : Hǎo de.
阿姨：好 的。

(Tomorrow is the birthday of Emily's son Jack.)

Emily: Tomorrow is Jack's birthday. He has invited his friends to come over. Would you please come to work earlier in the morning?

The nanny: Okay.

Emily: We may need you to go to the store to buy some vegetables, meat, eggs, fruits and drinks.

The nanny: Okay, Jack likes apples, bananas and watermelon, and I'll buy some more.

Emily: Yes, and don't forget to buy some flowers.

The nanny: No problem. Do you want me to clean the house?

Emily: Yes, and please put the bowls, spoons and chopsticks on the table.

The nanny: Okay, got it.

Emily: Put Jack's new clothes in the wardrobe.

The nanny: Okay.

Liànxí
练习 2 Practice 2

1. 根据你的实际情况回答问题。

Answer the questions based on your personal case.

(1) Yìbān nǐ qù chāoshì huì mǎi shénme dōngxi?

一般 你 去 超市 会 买 什么 东西?

(2) Nǐ xǐhuan chī shénme shuǐguǒ?

你 喜欢 吃 什么 水果?

(3) Nǐ zěnme shōushi zìjǐ de fángjiān?

你 怎么 收拾 自己 的 房间?

2. 听录音,回答下面的问题。

Listen to the recording and answer the question.

Xiàmiàn de shìqing xūyào āyí zuò ma?

下面 的 事情 需要 阿姨 做 吗?

(1) dǎsǎo fángjiān

打扫 房间

(2) xǐ yīfu

洗 衣服

(3) bǎ yīfu fàng dào yīguì lǐ

把 衣服 放 到 衣柜里

(4) zuò fàn

做 饭

3. 明天是李华的生日，请你帮她布置生日晚会的现场。可参考下面的图片，说一说。

Tomorrow is Li Hua's birthday. Please help her to decorate the place for her birthday party. You may refer to the following picture of the birthday scene.

(1) Nǐmen huì zhǔnbèi shénme dōngxi?
你们 会 准备 什么 东西？

(2) Nǐmen bǎ zhè xiē dōngxi fàng zài nǎlǐ?
你们 把 这 些 东西 放 在 哪里？

Zōnghé Liànxí 综合 练习　Comprehensive Practice

1. 听和读　Listen and Read

āyí	shōushi	yīfu	shēngrì	shāngdiàn
shūcài	lìngwài	kuàizi	fángjiān	shuǐguǒ

2. 用下面的场景，和同学用“把”字句分角色对话。

Use “ba” construction to talk with your partner as different roles according to the picture below.

gùkè hé fúwùyuán
顾客 和 服务员

3. 帮你的朋友收拾房间，数一数整个过程你们用了多少个“把”字句。

Help your friend to clean up the room, and count how many “ba” constructions you have used.

Hànzì 汉字 Chinese Characters

bǎ	hái	yī	xǐ	wǎn
把	孩	衣	洗	碗
bēi	tí	men	fàn	zǎo
杯	题	们	饭	早
guò	shuǐ	guǒ	wàng	jì
过	水	果	忘	记

Wénhuà Zhīshi
文化 知识 | Cultural Knowledge

Sharing the Housework

There is a saying in ancient China—"the male plow and the female weave", which means that men tend to work outside while women generally do housework and take care of the children. With the development of Chinese society, the division of labor of men and women is not as clearly defined as before. Men not only work outside but also do the housework and help to take care of the children as well.

Bǔchōng Shēngcí
补充 生词
Supplementary Words

1. 蛋糕	dàngāo	*n.*	cake
2. 蜡烛	làzhú	*n.*	candle
3. 气球	qìqiú	*n.*	balloon
4. 准备	zhǔnbèi	*v.*	to prepare
5. 窗户	chuānghu	*n.*	window
6. 红酒	hóngjiǔ	*n.*	red wine
7. 点心	diǎnxin	*n.*	dessert，snack food

Dì shísì kè　　Wǒ xiǎng qù lǚyóu

第十四课　我想去旅游

Lesson 14　　I want to take a trip

Learning the expressions related to travel

Learning how to talk about travel plans

Nǐ zhīdào ma 你 知道 吗	Do you know?

fēijī
飞机

huǒchē
火车

lúnchuán
轮船

dìtiě
地铁

chūzūchē
出租车

gōnggòng qìchē
公共汽车

Shēngcí 生词 1 | New Words 1

1. 马上	mǎshàng	*adv.*	soon
2. 放	fàng	*v.*	to have (vacation)
3. 暑假	shǔjià	*n.*	summer holiday
4. 假期	jiàqī	*n.*	holiday
5. 计划	jìhuà	*n. & v.*	(to) plan
6. 实习	shíxí	*v.*	to do internship
7. 旅游	lǚyóu	*v.*	to travel
8. 但是	dànshì	*conj.*	but
9. 听说	tīngshuō	*v.*	to hear of
10. 名胜古迹	míngshèng gǔjì	*n.*	places of interest
11. 首都	shǒudū	*n.*	capital city
12. 去年	qùnián	*n.*	last year
13. 过	guò	*part.*	(It is normally used after a verb to emphasize that the subject has a certain experience)
14. 美	měi	*adj.*	beautiful
15. 一定	yídìng	*adv.*	must
16. 祝	zhù	*v.*	to wish
17. 愉快	yúkuài	*adj.*	fun, joyful
18. 海南	Hǎinán		Hainan
19. 北京	Běijīng		Beijing
20. 长城	Chángchéng		the Great Wall

Jùxíng
句型 1 Sentence Patterns 1

1. Zhēn duō a!
真多啊! It is so much!

Zhēn kuài a!
真快啊! It is so fast!

Tài měi le!
太美了! It is so beautiful!

Tài dà le!
太大了! It is so big!

2. Nǐ qù méi qù Chángchéng?
你去没去长城?
Have you been to the Great Wall or not?

Nǐ chī méi chī fàn?
你吃没吃饭? Have you eaten or not?

3. Wǒ xiǎng gēn Àimǐlì yìqǐ qù.
我想跟艾米丽一起去。
I want to go with Emily.

Wǒ dǎsuàn gēn jiārén yìqǐ chī fàn.
我打算跟家人一起吃饭。
I am planing to have a meal with my family.

Huìhuà 会话 1 Dialogue 1

Lǐ Jiā: Mǎshàng yào fàng shǔjià le, jiàqī nǐ yǒu shénme jìhuà?
李佳：马上 要 放 暑假 了，假期 你 有 什么 计划？

Mǎkè: Wǒ dǎsuàn xiān qù shíxí, zài qù Hǎinán lǚyóu. Nǐ ne?
马克：我 打算 先 去 实习，再 去 海南 旅游。你 呢？

Lǐ Jiā: Wǒ hái méi yǒu xiǎng hǎo, dànshì wǒ yě xiǎng qù lǚyóu.
李佳：我 还 没 有 想 好，但是 我 也 想 去旅游。

Mǎkè: Nǐ xiǎng qù nǎli?
马克：你 想 去 哪里？

Lǐ Jiā: Wǒ xiǎng qù Běijīng, tīngshuō nàlǐ yǒu hěnduō míngshèng gǔjì.
李佳：我 想 去 北京，听说 那里 有 很多 名胜 古迹。

Mǎkè: Běijīng shì Zhōngguó de shǒudū, wǒ qùnián shǔjià qù guò yí cì, qù Běijīng lǚyóu de rén zhēn duō a!
马克：北京 是 中国 的 首都，我 去年 暑假 去 过 一 次，去 北京 旅游 的 人 真 多 啊！

Lǐ Jiā: Nǐ qù méi qù Chángchéng?
李佳：你 去 没 去 长城？

Mǎkè: Qù le, Chángchéng tài měi le! Nǐ yídìng yào qù.
马克：去 了，长城 太 美 了！你 一定 要去。

Lǐ Jiā: Hǎo de.
李佳：好 的。

Mǎkè: Nǐ shì yí gè rén qù ma?
马克：你 是 一 个 人 去 吗？

Lǐ Jiā: Wǒ xiǎng gēn Àimǐlì yìqǐ qù.
李佳：我 想 跟 艾米莉 一起 去。

Mǎkè: Zhù nǐmen wán de yúkuài!
马克：祝 你们 玩 得 愉快！

Li Jia: It is the summer holiday soon. What's your holiday plan?
Mark: I'm planning to take an internship and travel to Hainan. What about you?
Li Jia: I'm not sure, but I was thinking about traveling too.
Mark: Where do you want to go?
Li Jia: I want to go to Beijing. I heard that there are many places of interest.
Mark: Beijing is the capital of China. I went there once last year. There are a lot of people in Beijing.
Li Jia: Have you been to the Great Wall or not?
Mark: Yes, it is so beautiful. You must go there.
Li Jia: Okay.
Mark: Are you planning to go alone?
Li Jia: I'm going with Emily.
Mark: Have fun.

Liànxí 练习 1 Practice 1

1. 认一认下列名胜古迹。 Recognize these places of interest.

Guìlín Shānshuǐ
桂林 山水

Wànlǐ Chángchéng
万里 长城

Sūzhōu Yuánlín
苏州 园林

Hángzhōu Xīhú
杭州 西湖

Bīngmǎyǒng
兵马俑

Běijīng Gùgōng
北京 故宫

Chángjiāng Sānxiá
长江 三峡

Anhuī Huángshān
安徽 黄山

Jiǔzhàigōu
九寨沟

2. 替换练习 Substitution Practice

e. g. Qù Běijīng lǚyóu de rén hěn duō.
去 北京 旅游 的 人 很 多。

Qù Běijīng lǚyóu de rén zhēn duō a!
去 北京 旅游 的 人 真 多 啊!

(1) Xiǎoyáng Shēngjiān hěn hǎo chī.
小杨 生煎 很 好 吃。

Xiǎoyáng Shēngjiān ________!
小杨 生煎 ________!

(2) Shànghǎi Bówùguǎn hěn dà.
上海 博物馆 很 大。

Shànghǎi Bówùguǎn ________!
上海 博物馆 ________!

(3) Sūzhōu Yuánlín hěn měi.
苏州 园林 很 美。

Sūzhōu Yuánlín ________!
苏州 园林 ________!

(4) Dōngfāng Míngzhū Diànshìtǎ hěn gāo.
东方 明珠 电视塔 很 高。

Dōngfāng Míngzhū Diànshìtǎ ________!
东方 明珠 电视塔 ________!

3. 说一说:你想和朋友一起去哪里?
Talk: Where in China do you want to go with your friends?

Shēngcí 生词 2 New Words 2

1. 景点	jǐngdiǎn	*n.*	scenic spots
2. 飞机	fēijī	*n.*	air plane
3. 参加	cānjiā	*v.*	to join, to participate
4. 旅行	lǚxíng	*v.*	to travel
5. 团	tuán	*n.*	group
6. 自由	zìyóu	*adj.*	free
7. 还是	háishì	*adv.*	still
8. 自己	zìjǐ	*pron.*	self
9. 订	dìng	*v.*	to book
10. 机票	jīpiào	*n.*	flight ticket
11. 宾馆	bīnguǎn	*n.*	hotel
12. 行李	xíngli	*n.*	package
13. 故宫	Gùgōng		the Forbidden City
14. 颐和园	Yíhéyuán		the Summer Palace
15. 北京烤鸭	Běijīng kǎoyā		beijing roast duck
16. 涮羊肉	shuànyángròu		mutton hotpot
17. 糖葫芦	táng húlu		sugar-coated berry stick

Jùxíng 句型 2 Sentence Patterns 2

1. Nǐ qù bu qù?
你去不去? Do you go or not?
Nǐ chī bu chī?
你吃不吃? Do you eat or not?

2. Nǐ chī guò kǎoyā ma?
你吃过烤鸭吗? Have you tasted roast duck?
Wǒ méi chī guò kǎoyā.
我没吃过烤鸭。 I have never tasted roast duck.

3. Běijīng de jǐngdiǎn duō bu duō?
北京的景点多不多?
Are there a lot of scenic spots in Beijing?
Chāoshì de píngguǒ tián bu tián?
超市的苹果甜不甜?
Are those apples in supermarket sweet?

Huìhuà 会话 2 Dialogue 2

Lǐ Jiā: Shǔjià wǒ xiǎng qù Běijīng lǚyóu,
李佳：暑假 我 想 去 北京 旅游，
nǐ qù bu qù?
你 去 不 去？

Àimǐlì: Hǎo ya, wǒ méi qù guò Běijīng.
艾米莉：好 呀，我 没 去 过 北京。
Běijīng de jǐngdiǎn duō bu duō?
北京 的 景点 多 不 多？

Lǐ Jiā: Jǐngdiǎn hěn duō, yǒu Chángchéng、Gùgōng、Yíhéyuán……, hǎochī de
李佳：景点 很多，有 长城、故宫、颐和园……，好吃 的
yě hěn duō, Běijīng kǎoyā、shuànyángròu、tánghúlu……
也 很 多，北京 烤鸭、涮羊肉、糖葫芦……

Àimǐlì: Tài hǎo le! wǒmen zěnme qù?
艾米莉：太 好 了！我们 怎么 去？

Lǐ Jiā: Wǒmen zuò fēijī qù ba.
李佳：我们 坐 飞机 去 吧。

Àimǐlì: Wǒmen yào cānjiā lǚxíng tuán ma?
艾米莉：我们 要 参加 旅行 团 吗？

Lǐ Jiā: Cānjiā lǚxíng tuán bú zìyóu, wǒmen háishì zìjǐ qù ba.
李佳：参加 旅行 团 不 自由，我们 还是 自己 去 吧。

Àimǐlì: Hǎo de, wǒmen xiànzài jiù dìng jīpiào hé bīnguǎn.
艾米莉：好 的，我们 现在 就 订 机票 和 宾馆。

注释(Notes):
Here"还是(háishì)"means making a choice after comparison.

Lǐ Jiā: Wǒ lái dǎ diànhuà.
李佳：我 来 打 电话。
Àimǐlì : Hǎo, wǒ qù shōushi xíngli.
艾米莉：好，我 去 收拾 行李。

Li Jia: I want to travel to Beijing. Do you want to go?
Emily: Yes, I never been to Beijing. Are there a lot of scenic spots?
Li Jia: There are a lot of scenic spots, like the Great Wall, the Forbidden City, the Summer Palace……and there are a lot of delicious food, like Beijing roast duck, mutton hotpot, sugar-coated berry……
Emily: Great! How should we go?
Li Jia: Let's take air plane.
Emily: Should we join a tour group?
Li Jia: You may feel constrained. Let's go by ourselves.
Emily: Okay, let's book the flight and hotels.
Li Jia: I'll make the call.
Emily: Okay, I'll pack up the luggage.

Liànxí
练习 2 Practice 2

1. 把下列句子改写成"V 不 V"或"A 不 A"的句子。

Rewrite sentences below into "V 不 V" or "A 不 A" structure.

e. g. Túshūguǎn míngtiān bù kāimén.
图书馆 明天 不 开门。

Túshūguǎn míngtiān kāi bù kāimén?
图书馆 明天 开 不 开门?

(1) Tā míngtiān qù Shànghǎi.
他 明天 去 上海。

____

(2) Lǐ Jiā bù chī shuǐguǒ.
李佳 不 吃 水果。

____

(3) Shànghǎi de xiàtiān hěn rè.
上海 的 夏天 很 热。

____

(4) Wǒmen míngtiān bú shàngkè.
我们 明天 不 上课。

____

2. 用"过"回答问题。

Answer questions with "过(guo)".

tíwèn 提问	huídá 回答
Nǐ chī guò Zhōngguó cài ma? 你吃过 中国 菜吗?	
Nǐ kàn guò shénme diànyǐng? 你看过什么 电影?	
Nǐ qù guò nǎ xiē Zhōngguó chéngshì? 你去过哪些 中国 城市?	

3. 替换练习 Substitution Practice

Tā tài gāo le.
他太高了。

Shànghǎi 上海	rè/lěng 热/冷
zhègè 这个	guì/piányí 贵/便宜
yīfu 衣服	hòu/báo 厚/薄

Zōnghé Liànxí 综合 练习　Comprehensive Practice

1. 听和读　Listen and Read

mǎshàng	jiàqī	shǔjià	jìhuà	dǎsuan	shíxí
lǚyóu	zìyóu	jǐngdiǎn	jīpiào	bīnguǎn	xíngli

2. 请跟大家讲一讲你上次旅行的经历。

Tell us about your last travel experience.

(1) Nǐ qù le shénme dìfang?
你 去 了 什么 地方？

(2) Nǐ shì cānjiā lǚxíng tuán háishì zìjǐ qù de?
你 是 参加 旅行 团 还是 自己 去 的？

(3) Nàli yǒu shénme zhùmíng de jǐngdiǎn?
那里 有 什么 著名 的 景点？

3. 请同学们分组讨论假期有什么打算，并给出讨论报告。

Talk about your future travel plans in groups and then report to the class.

Hànzì 汉字 Chinese Characters

mǎ	fàng	shǔ	qī	jì
马	放	暑	期	计
huà	shí	xí	hǎi	nán
划	实	习	海	南
lǚ	yóu	zhēn	cháng	chéng
旅	游	真	长	城

Wénhuà Zhīshi
文化 知识 | Cultural Knowledge

Tourist Attractions in Beijing

Beijing is the capital of China as well as a famous tourist city. It is highly recommended that you shall go to the Tian'anmen Square to watch the exciting ceremony of raising national flag if you go to Beijing. Then, you should go to the Forbidden City to get to know the imperial life in ancient China. Besides, you can't miss the chance to appreciate the majesty of the Great Wall and the beauty of the sight from the top of the Great Wall. In addition, the Temple of Heaven in Beijing, the Summer Palace, Yuanmingyuan Imperial Garden, Beijing Hutong and the North Sea are also worth a visit.

Bǔchōng Shēngcí
补充 生词
Supplementary Words

1.	薄	báo	*adj.*	thin
2.	城市	chéngshì	*n.*	city
3.	著名	zhùmíng	*adj.*	famous
4.	苏州园林	Sūzhōu Yuánlín		Suzhou gardens
5.	安徽黄山	Ānhuī Huángshān		Anhui Huangshan Mountain
6.	兵马俑	Bīngmǎyǒng		the Terra Cotta Warriors
7.	杭州西湖	Hángzhōu Xīhú		Hangzhou west lake
8.	桂林山水	Guìlín Shānshuǐ		Guilin landscape
9.	九寨沟	Jiǔzhàigōu		Jiuzhaigou Valley
10.	长江三峡	Chángjiāng Sānxiá		Three Gorges of the Yangtze river
11.	小杨生煎	Xiǎoyáng Shēngjiān		Yang's Fried-Dumpling
12.	上海博物馆	Shànghǎi Bówùguǎn		the Shanghai Museum

Dì shíwǔ kè　　Wǒ xiǎng dìng yì zhāng jīpiào

第十五课　我想订一张机票

Lesson 15　I want to book a flight ticket

Learning how to book flight tickets and hotel rooms

Learning the expressions used in the airport

Nǐ zhīdào ma 你 知道 吗	Do you know?

jīpiào
机票

dēngjīpái
登机牌

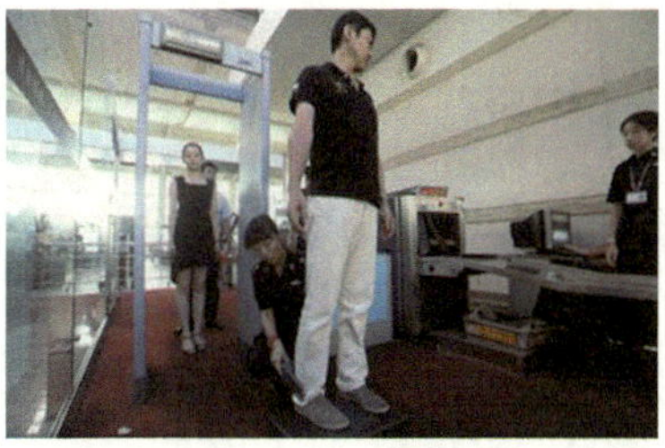

(guò) ānjiǎn
(过) 安检

tuōyùn
托运

hùzhào
护照

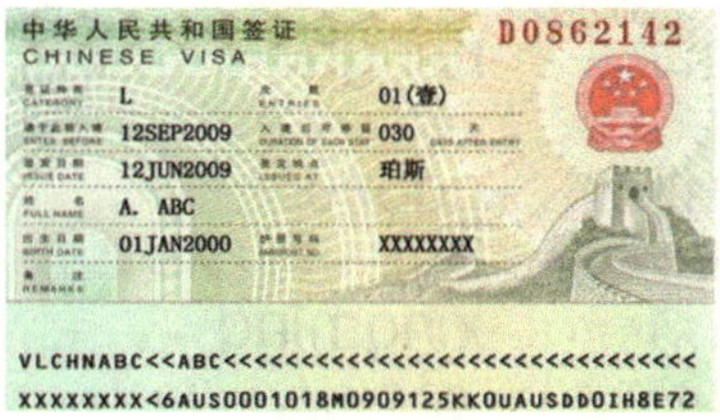

qiānzhèng
签证

Shēngcí 生词 1 New Words 1

1. 航空	hángkōng	*n.*	airplane
2. 公司	gōngsī	*n.*	company
3. 后天	hòutiān	*n.*	the day after tomorrow
4. 查	chá	*v.*	to check
5. 班	bān	*mw.*	(a measure word for flight)
6. 出发	chūfā	*v.*	to set out, to start off
7. 早上	zǎoshang	*n.*	(early) morning
8. 记得	jìde	*v.*	to remember
9. 提前	tíqián	*adv.*	in advance
10. 登机	dēngjī	*v.*	to board the plane
11. 牌	pái	*n.*	(boarding) pass
12. 明白	míngbai	*v.*	to understand
13. 告诉	gàosù	*v.*	to tell
14. 姓名	xìngmíng	*n.*	name
15. 证件	zhèngjiàn	*n.*	identity card
16. 或者	huòzhě	*conj.*	or (used in a statement)
17. 信用卡	xìnyòngkǎ	*n.*	credit card

Jùxíng 句型 1 Sentence Patterns 1

1. Nín yào zǎobān de háishì wǎnbān de?
您 要 早班 的 还是 晚班 的?
Would you like a morning flight or a night flight?
zhè ge shǔjià nǐ yào lǚyóu háishì gōngzuò?
这 个 暑假 你 要 旅游 还是 工作?
Do you want to go to travel or go to work this summer vocation?

2. Qǐng gàosu wǒ nín de xìngmíng、zhèngjiàn hàomǎ.
请 告诉 我 您 的 姓名、 证件 号码。
Please tell me your name and ID number.
Zuótiān shì Shèngdànjié, Àimǐlì sòng le Lǐ Jiā yí gè lǐwù.
昨天 是 圣诞节, 艾米丽 送 了 李佳 一 个 礼物。
Yesterday was Christmas, and Emily gave Li Jia a gift.

Huìhuà
会话 1 Dialogue 1

Mǎkè: Nǐ hǎo, shì hángkōng gōngsī ma?
马克：你 好，是 航空 公司 吗？

zhíyuán: Shì de, xiānsheng, yǒu shénme xūyào ma?
职员：是 的，先生，有 什么 需要 吗？

Mǎkè: Wǒ xiǎng dìng yì zhāng hòutiān qù Běijīng de jīpiào, xiànzài dìng piào kěyǐ ma?
马克：我 想 订 一 张 后天 去 北京 的机票，现在 订 票 可以 吗？

zhíyuán: Hǎo de, qǐng shāo děng, wǒ bāng nín chácha.
职员：好 的，请 稍 等，我 帮 您 查查。

……

zhíyuán: Hòutiān yǒu liǎng bān fēijī qù Běijīng, yí gè zǎobān, yí gè wǎnbān.
职员：后天 有 两 班 飞机 去 北京，一 个 早班，一 个 晚班。

Mǎkè: Duōshǎo qián?
马克：多少 钱？

zhíyuán: Zǎobān fēijī 1200 kuài, wǎnbān fēijī 1400 kuài. Nín yào dìng zǎobān de háishì wǎnbān de?
职员：早班 飞机 1200 块，晚班 飞机 1400 块。您 要 订 早班 的 还是 晚班 的？

Mǎkè: Wǒ yào dìng zǎobān de. Duì le, zǎobān jǐ diǎn chūfā?
马克：我 要 订 早班 的。对 了，早班 几 点 出发？

zhíyuán: Zǎoshang jiǔ diǎn sìshí. Nín jìde tíqián liǎng gè xiǎoshí dào jīchǎng bànlǐ dēngjīpái.
职员：早上 九 点 四十。您 记得 提前 两 个 小时 到 机场 办理 登机牌。

Mǎkè: Míngbai le, xièxie.
马克：明白 了，谢谢。

zhí yuán: Bú kèqi. Qǐng gàosu wǒ nín de xìngmíng、zhèngjiàn hàomǎ、yínhángkǎ
职员：不客气。请 告诉 我 您 的 姓名、证件 号码、银行卡

huòzhě xìnyòngkǎ hàomǎ.
或者 信用卡 号码。

Mark: Hello, is this the airline company?
The clerk: Yes, sir, what can I do for you?
Mark: I want to book a flight to Beijing for the day after tomorrow. Can I book it now?
The clerk: Okay. Please wait, let me check it for you.
……
The clerk: There are two fights to Beijing. One is in the morning and the other is at night.
Mark: How much are they?
The clerk: 1200 yuan for morning flight and 1400 yuan for night flight. Which one would you like?
Mark: I would like the morning flight, and when does it take off?
The clerk: 9:40 am in the morning. Please remember to get to the airport two hours earlier to get your boarding pass.
Mark: Yes, got it. Thanks.
The clerk: You are welcome. Please tell me your name, ID number, bank account or credit card number.

Liànxí
练习 1 Practice 1

1. 根据示例，用"还是"完成句子。

Use the example to form sentences with "háishì".

e. g.
zǎobān fēijī wǎnbān fēijī
早班 飞机 晚班 飞机

Nín yào dìng zǎobān fēijī háishì wǎnbān fēijī?
您 要 订 早班 飞机 还是 晚班 飞机?

kāfēi / chá xīcān / zhōngcān kàn diànyǐng / dǎ lánqiú
咖啡/茶 西餐/中餐 看 电影/打 篮球

2. 补全对话。 Complete the dialogue.

Lǐ Jiā: Nín hǎo! Wǒ xiǎng dìng yì zhāng cóng Shànghǎi dào Běijīng de huǒchē piào.
李佳：您 好！我 想 订 一 张 从 上海 到 北京 的 火车 票。

zhíyuán: ________________?
职员 ：________________?

Lǐ Jiā: Wǒ yào hòutiān de chēpiào.
李佳：我 要 后天 的 车票。

zhíyuán: Hǎo de, nín shāoděng. wǒ bāng nín chácha.
职员：好 的，您 稍等。我 帮 您 查查。

zhíyuán: Hòutiān zǎoshang bā diǎn yǒu yí tàng, xiàwǔ liǎng diǎn hái yǒu yí tàng. ________________?
职员：后天 早上 八点 有 一 趟，下午 两 点 还 有 一 趟。________________?

Lǐ Jiā: Wǒ yào xiàwǔ liǎngdiǎn de chēpiào. ________________?
李佳：我 要 下午 两点 的 车票。________________?

zhíyuán: Hǎo de, 309 yuán. Jìde tíqián lái qǔ chēpiào.
职员：好 的，309 元。记得 提前 来 取 车票。

Lǐ Jiā: Hǎo de, xièxie!
李佳：好 的，谢谢！

Shēngcí 生词 2 New Words 2

1. 托运	tuōyùn	*v.*	to check in (luggage)
2. 箱	xiāng	*n.*	case, trunk
3. 超重	chāozhòng	*v.*	to overweight
4. 小票	xiǎopiào	*n.*	unofficial receipt
5. 网站	wǎngzhàn	*n.*	website
6. 环境	huánjìng	*n.*	environment
7. 网上	wǎngshàng	*n.*	online
8. 干净	gānjìng	*adj.*	clean
9. 交通	jiāotōng	*n.*	traffic
10. 注意	zhùyì	*v.*	to take care of (sth.)
11. 安全	ānquán	*adj.*	safe
12. 登机	dēngjī	*v.*	to get on board
13. 起飞	qǐfēi	*v.*	to take off
14. 耽误	dānwu	*v.*	to delay, to miss (the flight)
15. 航班	hángbān	*n.*	flight
16. 感谢	gǎnxiè	*v.*	to thank
17. 一路平安	yílù píng'ān		Bon voyage!

Jùxíng 句型 2 Sentence Patterns 2

1. Shíjiān bù zǎo le, wǒ gāi qù dēngjī le.
时间 不 早 了，我 该 去 登机 了。
It's getting late. I should board the plane.

Shíjiān bù zǎo le, wǒ gāi huí jiā le.
时间 不 早 了，我 该 回 家 了。
It's getting late. I should go home.

2. Jiǔ diǎn sìshí fēijī jiù yào qǐfēi le, bié dānwu le hángbān.
九 点 四十 飞机 就 要 起飞 了，别 耽误 了 航班。
It takes off at 9:40. Don't miss the flight.

Hái yǒu wǔ fēnzhōng huǒchē jiù yào chūfā le.
还 有 五 分钟 火车 就 要 出发 了。
The train is going to start off in five minutes.

Huìhuà
会话 2 Dialogue 2

Mǎkè: Nǐ hǎo, wǒ yào bànlǐ dēngjīpái.
马克：你 好，我 要 办理 登机牌。

zhíyuán: Qǐngshāo děng, Qǐng chūshì nín de zhèngjiàn.
职员：请 稍 等，请 出示 您 的 证件。

Mǎkè: Hùzhào kěyǐ ma?
马克：护照 可以 吗？

zhíyuán: Kěyǐ, nín yǒu xíngli xūyào tuōyùn ma?
职员：可以，您 有 行李 需要 托运 吗？

Mǎkè: Wǒ yǒu liǎng gè xíngli xiāng xūyào tuōyùn.
马克：我 有 两 个 行李 箱 需要 托运。

zhíyuán: Fàng zhèli ba.
职员：放 这里 吧。

Mǎkè: Wǒ de xíngli méiyǒu chāozhòng ba?
马克：我 的 行李 没有 超重 吧？

zhíyuán: Méiyǒu. Zhè shì nín de dēngjīpái hé xíngli tuōyùn xiǎopiào, qǐng ná hǎo.
职员：没有。这 是 您 的 登机牌 和 行李 托运 小票，请 拿 好。

Lǐ Jiā: Mǎkè, nǐ de bīnguǎn dìng hǎo le ma?
李佳：马克，你 的 宾馆 订 好 了 吗？

Mǎkè: Dìng hǎo le, wǒ zuótiān zài wǎngzhàn shàng dìng de.
马克：订 好 了，我 昨天 在 网站 上 订 的。

注释(Notes):

Sometimes "好(hǎo)" is used after a verb as a complement to mean that the aim of the action has been achieved.

Lǐ Jiā: Bīnguǎn huánjìng zěnme yàng?
李佳：宾馆 环境 怎么 样？
Mǎkè: Wǎngshàng shuō hěn gānjìng, jiāotōng yě hěn fāngbiàn.
马克： 网上 说 很 干净，交通 也 很 方便。
Lǐ Jiā: Nà jiù hǎo, zhùyì ānquán.
李佳：那 就 好，注意 安全。
Mǎkè: Péngyou men, shíjiān bù zǎo le, wǒ gāi qù dēngjī le.
马克：朋友 们，时间 不 早 了，我 该 去 登机 了。
Àimǐlì: Qù ba, jiǔ diǎn sìshí fēijī jiù yào qǐfēi le, bié dānwu le hángbān.
艾米丽：去 吧，九 点 四十 飞机 就 要 起飞 了，别 耽误 了 航班。
Mǎkè: Zàijiàn, fēicháng gǎnxiè dàjiā.
马克：再见，非常 感谢 大家。
Lǐ Jiā、Àimǐlì、Wáng Hàomíng: Zàijiàn, yílù píngān!
李佳、艾米丽、王 浩明：再见，一路 平安！

Mark: Hello, I would like to get a boarding pass.

The clerk: Wait a moment, please show your ID.

Mark: Is passport okay?

The clerk: Yes, do you need to check in some luggage?

Mark: I have two pieces.

The clerk: Please put them here.

Mark: Is my luggage overweight?

The clerk: No. This is the receipt of your boarding pass and luggage shipment.

Li Jia: Mark, did you book the hotel?

Mark: Yes, I booked it online yesterday.

Li Jia: How are the surrounding facilities there?

Mark: It is said on line that the hotel is very clean and the traffic is convenient.

Li Jia: Cool, take care then.

Mark: Friends, it's getting late, and I should get on board.

Li Jia: Go. It takes off at 9:40. Don't miss the flight.

Mark: Goodbye, thank you all very much.

Li Jia, Emily, Wang Haoming: Goodbye, Bon voyage!

Liànxí
练习 2 Practice 2

1. 看图根据实际情况回答问题。

Answer the question based on the pictures.

e. g.

11 diǎn le, wǒ gāi shuìjiào le.
11 点 了，我 该 睡觉 了。

1 diǎn le, wǒ gāi ________ le.
1 点 了，我 该 ________ 了。

5 diǎn le, wǒ gāi ________ le.
5 点 了，我 该 ________ 了。

8 diǎn le, wǒ gāi ________ le.
8 点 了，我 该 ________ 了。

6 diǎn le, wǒ gāi________ le.
6 点 了，我 该________ 了。

12 diǎn le, wǒ gāi________ le.
12 点 了，我 该________ 了。

2. 按照示例改写句子。

Rewrite the sentences based on the example.

e. g. Fēijī jiǔ diǎn sìshí qǐfēi. → Fēijī jiǔ diǎn sìshí jiù yào qǐfēi le.
飞机 九点 四十 起飞。→ 飞机 九点 四十 就要 起飞 了。

(1) Wǒ míngtiān shàngwǔ huí jiā.
我 明天 上午 回 家。
Wǒ míngtiān shàngwǔ ________________.
我 明天 上午 ________________。

(2) Wǒ míngnián xiàtiān huí guó.
我 明年 夏天 回 国。
Wǒ míngnián xiàtiān ________________.
我 明年 夏天 ________________。

(3) Huǒchē jīntiān 9 diǎn fāchē.
火车 今天 9 点 发车。
Huǒchē jīntiān 9 diǎn ________________.
火车 今天 9 点 ________________。

(4) Dìtiě wǎnshang 10 diǎn tíngyùn.
地铁 晚上 10 点 停运。
Dìtiě wǎnshang 10 diǎn ________________.
地铁 晚上 10 点 ________________。

3. 听录音，判断正误。

Listen to the recording and choose true or false.

(1) Tā yǒu xíngli yào tuōyùn.
他 有 行李 要 托运。 (✔/✗)

(2) Tā yòng diànhuà dìng de bīnguǎn.
他 用 电话 订 的 宾馆。 (✔/✗)

(3) Tā de fēijī liù diǎn sìshí qǐfēi.
他 的 飞机 六 点 四十 起飞。 (✔/✗)

Zōnghé Liànxí 综合 练习 Comprehensive Practice

1. 听和读 Listen and Read

hángkōng hòutiān xìngmíng zhèngjiàn tíqián

bànlǐ jiāotōng shíjiān gǎnxiè huánjìng

2. 分组进行角色扮演:在机场送别朋友。

Role play in different groups: Sending friend to the airport.

3. 根据下面的表格,两人一组,模仿打电话订机票的场景。

Work in pairs and pretend to call on the phone and book plane tickets based on the information below.

mùdìdì 目的地	hángbānhào 航班号	chūfā shíjiān 出发时间	jiàgé 价格
纽约(Niǔyuē)	9W75777	09:30	6608
纽约(Niǔyuē)	DL1066777	15:30	8744
柏林(Bólín)	AY917319	11:55	3943
柏林(Bólín)	KL1823737	17:40	3680

Hànzì 汉字 Chinese Characters

hāng	kōng	gōng	sī	xū
航	空	公	司	需
dìng	zhāng	běi	jīng	piào
订	张	北	京	票
děng	wǎn	chū	fā	chǎng
等	晚	出	发	场

Wénhuà Zhīshi 文化 知识 | Cultural Knowledge

Safe Travels

In China, people often wish the person who is about to leave good luck. There are multiple ways of saying farewell words, such as: "再会 zàihuì" (see you again)、"慢走 màn zǒu" (safe way home)、"保重 bǎozhòng" (take care)、"一路平安 yílù píngān" (be safe in your trip) etc. All these words express good wishes to people who is leaving.

Bǔchōng Shēngcí
补充 生词
Supplementary Words

1.	火车票	huǒchē piào	*n.*	train ticket
2.	趟	tàng	*mw.*	(by time for trip)
3.	放假	fàngjià	*v.*	to take a holiday
4.	夏天	xiàtiān	*n.*	summer
5.	发车	fāchē	*v.*	to depart
6.	停运	tíngyùn	*v.*	(flight/train/ship) out of serve
7.	纽约	Niǔyuē		New York
8.	柏林	Bólín		Berlin

词汇表　Vocabulary

词汇	拼音	词性	翻译	所在课
A				
啊	ā	*part.*	(used at the end of a sentence as a modal particle)	8
爱	ài	*v.*	to love	5
安全	ānquán	*adj.*	safe	15
阿姨	āyí	*n.*	aunt; maid	13
B				
八	bā	*num.*	eight	2
把	bǎ	*prep.*	(In a "bǎ" construction, the object of a verb is placed after the function word "bǎ")	13
吧	ba	*part.*	(indicating a request of confirmation)	6
爸爸	bàba	*n.*	father	4
白	bái	*adj.*	white	3
百	bǎi	*num.*	hundred	12
办	bàn	*v.*	to process	11
半	bàn	*n.*	half	2

班	bān	*mw.*	(a measure word for flight)	15
帮	bāng	*v.*	to help	10
办理	bànlǐ	*v.*	to deal with	11
包	bāo	*n.*	bag	9
北边	běibiān	*n.*	north	9
北京	Běijīng		Beijing	14
北京烤鸭	Běijīng Kǎoyā		Beijing roast duck	14
杯子	bēizi	*n.*	cup	13
本	běn	*mw.*	(a measure word for books, etc.)	11
遍	biàn	*mw.*	times (how many times)	12
表	biǎo	*n.*	form	11
别	bié	*adv.*	Don't ...	9
别的	biéde	*adj.*	else	5
宾馆	bīnguǎn	*n.*	hotel	14
不	bù	*adv.*	no, not	1
不用	búyòng	*v.*	no need; not necessarily	10

C

擦	cā	*v.*	to mop	13
菜	cài	*n.*	vegetable	5
菜单	càidān	*n.*	menu	5
参加	cānjiā	*v.*	to join, to participate	14
餐厅	cāntīng	*n.*	restaurant	5
查	chá	*v.*	to check	15
尝	cháng	*v.*	to taste	5
场	chǎng	*n.*	(tennis, basketball) court	8
长城	Chángchéng		The Great Wall	14
超市	chāoshì	*n.*	supermarket	9
超重	chāozhòng	*v.*	overweight	15

吃	chī	*v.*	to eat	5
出发	chūfā	*v.*	to set out, to start off	15
出示	chūshì	*v.*	to show	12
出租车	chūzūchē	*n.*	taxi	6
次	cì	*mw.*	time (how many times)	10
从	cóng	*perp.*	from	6

D

大	dà	*adj.*	big	3
打	dǎ	*v.*	to play; to call	7
带	dài	*v.*	to bring	11
耽误	dānwu	*v.*	to delay, to miss (the flight)	15
到	dào	*prep.*	to	6
		v.	to arrive	
打算	dǎsuàn	*v.*	to intend, to be going to	10
大厅	dàtīng	*n.*	hall	11
大约	dàyuē	*adv.*	about; approximately	6
打针	dǎzhēn	*v.*	to give/ to have an injection	10
但是	dànshì	*conj.*	but	14
的	de	*part.*	(a possessive or modifying particle)	3
得	de	*part.*	(symbol of complement)	7
等	děng	*v.*	to wait	8
登机	dēngjī	*v.*	to board the plane	15
第	dì	*part.*	(No. prefix before a number)	6
点	diǎn	*n.*	o'clock	2
点	diǎn	*n.*	point, dot	12
点菜	diǎncài	*v.*	to order food	5

电话	diànhuà	*n.*	telephone	7
电脑	diànnǎo	*n.*	computer	9
电影	diànyǐng	*n.*	film	8
地板	dìbǎn	*n.*	floor	13
弟弟	dìdi	*n.*	younger brother	4
订	dìng	*v.*	to book	14
地铁	dìtiě	*n.*	subway	6
丢	diū	*v.*	to lose (some belongings)	12
东边	dōngbiān	*n.*	east	9
都	dōu	*adv.*	all	4
度	dù	*n.*	degree	10
对	duì	*adj.*	right	8
对	duì	*prep.*	versus	12
对不起	duìbuqǐ	*v.*	sorry	11
对面	duìmiàn	*n.*	the other side of ...	9
多	duō	*n.*	how	4
多	duō	*adv.*	more	10
多少	duōshǎo	*pron.*	how many, how much	3
多远	duō yuǎn	*adv.*	how far	6

E

二	èr	*num.*	two	2
2 号线	Èr hào xiàn	*n.*	Line 2	6

F

发票	fāpiào	*n.*	receipt	6
饭	fàn	*n.*	meal	10
饭店	fàndiàn	*n.*	restaurant	5
放	fàng	*v.*	to have (vacation)	14

放	fàng	*v.*	to put	13
方便	fāngbiàn	*adj.*	convenient	9
房间	fángjiān	*n.*	room	13
发烧	fāshāo	*v.*	to have a fever	10
非常	fēicháng	*adv.*	much	5
飞机	fēijī	*n.*	air plane	14
分	fēn	*n.*	minute (time point)	2
分钟	fēnzhōng	*n.*	Minute (time duration)	12
附近	fùjìn	*n.*	neighborhood	9
服务员	fúwùyuán	*n.*	waiter	5

G

赶	gǎn	*v.*	to catch up with	6
干净	gānjìng	*adj.*	clean	15
感谢	gǎnxiè	*v.*	to thank	15
高	gāo	*adj.*	tall	7
高兴	gāoxìng	*adj.*	happy, joyful	1
告诉	gàosù	*v.*	to tell	15
个	gè	*mw.*	(a widely used measure word)	3
哥哥	gēge	*n.*	elder brother	4
给	gěi	*v.*	to give	6
跟	gēn	*prep.*	with	7
公司	gōngsī	*n.*	company	15
工作	gōngzuò	*n. & v.*	(to) work	4
工作日	gōngzuò rì	*n.*	business/working day	11
挂	guà	*v.*	to hang	13
拐	guǎi	*v.*	to turn	6
光临	guānglín		presence of a guest	5
故宫	Gùgōng		The Forbidden City	14

贵	guì	*adj.*	expensive	3
国	guó	*n.*	country	2
过	guò	*v.*	to go cross	6
过	guò	*part.*	(It is normally used after a verb to indicate the event has taken place)	14
过来	guòlái	*v.*	to come over	13

H

还	hái	*adv.*	still	5
还有	hái yǒu	*v.*	and /still have other things	9
海南	Hǎinán		Hainan	14
还是	háishì	*adv.*	still	14
孩子	háizi	*n.*	children	13
汉语	Hànyǔ	*n.*	Chinese	6
航班	hángbān	*n.*	flight	15
航空	hángkōng	*n.*	airplane	15
汉字	Hànzì	*n.*	Chinese character	11
号	hào	*n.*	date	2
好	hǎo	*adj.*	good	1
好吃	hǎochī	*adj.*	delicious	5
好的	hǎo de		ok	3
号码	hàomǎ	*n.*	Number	7
和	hé	*conj.*	and	3
喝	hē	*v.*	to drink	5
嗨	hēi	*interj.*	Hi	7
很	hěn	*adv.*	very	1
厚	hòu	*adj.*	thick	13
后	hòu	*n.*	after	10
后天	hòutiān	*n.*	the day after tomorrow	15

护士	hùshi	*n.*	nurse	4
护照	hùzhào	*n.*	passport	12
花	huā	*n.*	flower	13
换	huàn	*v.*	to exchange	12
换	huàn	*v.*	to change	13
环境	huánjìng	*n.*	environment	15
欢迎	huānyíng	*v.*	to welcome	5
回	huí	*v.*	to back	2
会	huì	*v.*	can	11
回来	huílái	*v.*	to go back	8
汇率	huìlǜ	*n.*	exchange rate	12
或者	huòzhě	*conj.*	or (used in a statement)	15

I

J

几	jǐ	*pron.*	how many, how much	2
家	jiā	*n.*	family	4
家	jiā	*mw.*	(a measure word for some commercial places or location)	9
见	jiàn	*v.*	to meet; to see	8
件	jiàn	*mw.*	piece, item	3
见面	jiànmiàn	*v.*	to meet	8
叫	jiào	*v.*	to be called	1
交通	jiāotōng	*n.*	traffic	15
假期	jiàqī	*n.*	holiday	14
机场	jīchǎng	*n.*	airport	6
鸡蛋	jīdàn	*n.*	egg	13

记得	jìde	*v.*	to remember	15
几点	jǐ diǎn		what time	2
借	jiè	*v.*	to borrow	11
计划	jìhuà	*n. & v.*	(to) plan	14
景点	jǐngdiǎn	*n.*	scenic spots	14
今天	jīntiān	*n.*	today	2
机票	jīpiào	*n.*	flight ticket	14
九	jiǔ	*num.*	nine	2
就	jiù	*prep.*	as soon as	11
觉得	juéde	*v.*	to feel	10

K

卡	kǎ	*n.*	card	11
开会	kāihuì	*v.*	to hold a meeting	8
看	kàn	*v.*	to look	7
刻	kè	*n.*	a quarter (of an hour)	2
可能	kěnéng	*adv.*	possibly	8
客气	kèqi	*v.*	welcome	6
咳嗽	késou	*v.*	to cough	10
可以	kéyǐ	*v.*	may	5
空	kòng	*n.*	free	7
口	kǒu	*mw.*	(usually used to indicate the quantity of the family)	4
块	kuài	*mw.*	(a measure word for money, etc)	3
快	kuài	*adj.*	quick	5
快	kuài	*adv.*	almost	8
筷子	kuàizi	*n.*	chopstick	13

L

辣	là	*adj.*	spicy	5
来	lái	*v.*	to come	9
了	le	*part.*	(modal particle)	9
冷	lěng	*adj.*	cold	8
里	lǐ	*n.*	inside	9
量	liáng	*v.*	to measure	10
零	líng	*num.*	zero	12
另外	lìngwài	*adv.*	besides	13
淋雨	línyǔ	*v.*	to get wet in the rain	10
六	liù	*num.*	six	2
楼	lóu	*n.*	floor	11
路口	lùkǒu	*n.*	crossing	6
旅行	lǚxíng	*v.*	to travel	14
旅游	lǚyóu	*v.*	to travel	14

M

吗	ma	*part.*	(a particle used for a question expecting a yes-no answer)	1
麻烦	máfan	*v.*	to bother	11
买	mǎi	*v.*	to buy	3
买单	mǎidān	*v.*	to pay	5
马路	mǎlù	*n.*	road	6
妈妈	māma	*n.*	mother	4
马上	mǎshàng	*adv.*	soon	14
毛衣	máoyī	*n.*	sweater	3
美	měi	*adj.*	beautiful	14

每	měi	*pron.*	every, per	7
美国	Měiguó	*n.*	America	1
美国人	Měiguó rén	*n.*	American	1
没有	méi yǒu		don't have	4
美元	Měiyuán	*n.*	U. S. dollar	12
们	men		suffix denoting plurality	1
面包	miànbāo	*n.*	bread	3
米	mǐ	*n.*	meter(s)	6
米饭	mǐfàn	*n.*	rice	5
明白	míngbai	*v.*	to understand	15
名胜古迹	míngshèng gǔjì	*n.*	Places of interest	14
明天	míngtiān	*n.*	tomorrow	8
明晚	míngwǎn	*n.*	tomorrow night	8

N

那	nà	*pron.*	that	5
		adv.	then	
哪	nǎ	*pron.*	which	3
那儿	nàr	*pron.*	there	9
哪里	nǎlǐ	*pron.*	where	10
南边	nánbiān	*n.*	south	9
哪儿	nǎr	*prep.*	where	4
呢	ne	*part.*	(a modal particle used for elliptical questions)	1
能	néng	*v.*	can	11
你	nǐ	*pron.*	you	1
您	nín	*pron.*	you (in a respective polite form)	1
您好	nín hǎo		hello	5

O

P

牌	pái	*n.*	(boarding) pass	15
旁边	pángbiān	*n.*	beside	9
跑步	pǎobù	*v.*	to run	7
陪	péi	*v.*	to keep somebody's company	11
朋友	péngyou	*n.*	friend	7
片	piàn	*mw.*	(for pills)	10
便宜	piányi	*adj.*	cheap	3
苹果	píngguǒ	*n.*	apple	13

Q

七	qī	*num.*	seven	2
前	qián	*adj.*	forward	6
钱	qián	*n.*	money	3
千	qiān	*num.*	thousand	12
签字	qiānzì	*v.*	to sign	12
起飞	qǐfēi	*v.*	to take off	15
请	qǐng	*v.*	please	5
请问	qǐng wèn		May I ask ...	3
请假	qǐngjià	*v.*	to ask for leave	10
球	qiú	*n.*	ball	7
去	qù	*v.*	to go	5
去年	qùnián	*n.*	last year	
确认	quèrèn	*v.*	to confirm	12

R

让	ràng	*v.*	to let	8
然后	ránhòu	*adv.*	then	12
热	rè	*adj.*	hot	8
人	rén	*n.*	person, people	1
认识	rèn shi	*v.*	to know, to recognize	1
人民公园	Rénmín Gōngyuán	*n.*	People's Park	6
人民币	Rénmínbì	*n.*	RMB	12
肉	ròu	*n.*	meat	13

S

三	sān	*num.*	three	2
嗓子	sǎngzi	*n.*	throat	10
商店	shāngdiàn	*n.*	store	13
上	shàng	*prep.*	above	13
上班	shàngbān	*v.*	to go to work	8
上菜	shàngcài	*v.*	to serve (the food)	5
上海	Shànghǎi	*n.*	Shanghai	5
上课	shàngkè	*v.*	to have class	2
上午	shàngwǔ	*n.*	morning	11
稍等	shāoděng	*v.*	to wait a while	5
勺子	sháozi	*n.*	spoon	13
生日	shēngrì	*n.*	birthday	13
什么	shénme	*pron.*	what	3
申请	shēnqǐng	*v. & n.*	to apply; application	11
十	shí	*num.*	ten	2
事	shì	*n.*	thing	8

试	shì	*v.*	to try	3
是	shì	*v.*	to be	1
师傅	shīfu	*n.*	(respect word to tradesman)	6
适合	shìhé	*v.*	to be suitable	8
时候	shíhou	*n.*	time (point)	8
时间	shíjiān	*n.*	time (duration)	6
实习	shíxí	*v.*	to do internship	14
瘦	shòu	*adj.*	slim	7
手机	shǒujī	*n.*	cell phone	9
首都	shǒudū	*n.*	capital city	14
收拾	shōushi	*v.*	to clean up the mess	13
首先	shǒuxiān	*adv.*	firstly	12
书	shū	*n.*	book	9
数	shǔ	*v.*	to count	12
帅	shuài	*adj.*	handsome	7
涮羊肉	shuànyángròu		mutton hotpot	14
蔬菜	shūcài	*n.*	vegetable	13
舒服	shūfu	*adj.*	comfortable	10
谁	shéi/shuí	*pron.*	who	4
水	shuǐ	*n.*	water	10
水果	shuǐguǒ	*n.*	fruit	13
暑假	shǔjià	*n.*	summer holiday	14
说	shuō	*v.*	to talk	11
四	sì	*num.*	four	2
岁	suì	*n.*	years old	4

T

他	tā	*pron.*	he, him	1
她	tā	*pron.*	she, her	1

太	tài	*adj.*	too much	3
糖葫芦	táng húlu		sugar-coated berry	14
疼	téng	*adj.*	sore, hurt, painful	10
填	tián	*v.*	to fill	11
甜	tián	*adj.*	sweet	3
天	tiān	*n.*	day	10
天气	tiānqì	*n.*	weather	8
挺	tǐng	*adv.*	quite, rather	7
听说	tīngshuō	*v.*	(I) heard	14
提前	tíqián	*adv.*	in advance	15
体温	tǐwēn	*n.*	body temperature	10
同学	tóngxué	*n.*	classmate	11
头	tóu	*n.*	head	10
团	tuán	*n.*	group	14
托运	tuōyùn	*v.*	to check in (luggage)	15
图书馆	túshūguǎn	*n.*	library	6

U

V

W

玩	wán	*v.*	to play, to have fun	9
万	wàn	*num.*	ten thousand	12
碗	wǎn	*n. & mw.*	bowl	5
往	wǎng	*prep.*	towards	6
忘记	wàngjì	*v.*	to forget	13
网球	wǎngqiú	*n.*	tennis	7

网上	wǎngshàng	*n.*	online	15
网站	wǎngzhàn	*n.*	website	15
晚上	wǎnshang	*n.*	evening/ night	8
位	wèi	*mw.*	(a measure word for people)	8
喂	wéi	*part.*	hello	8
问题	wèntí	*n.*	problem	11
我	wǒ	*pron.*	I, me	1
五	wǔ	*num.*	five	2

X

洗	xǐ	*v.*	to wash	13
下班	xiàbān	*v.*	to go off work	11
下车	xiàchē	*v.*	to get off	6
下次	xiàcì	*n.*	next time	7
下课	xiàkè	*v.*	class dismissed	2
下面/边	xiàmian/bian	*n.*	under	9
咸	xián	*adj.*	salted	3
先	xiān	*adj.*	first	12
向	xiàng	*perp.*	to, towards	6
想	xiǎng	*v.*	to want	5
箱	xiāng	*n.*	case, trunk	15
香蕉	xiāngjiāo	*n.*	banana	13
先生	xiānsheng	*n.*	sir	12
现在	xiànzài	*n.*	now	2
小	xiǎo	*adj.*	small,little	3
小姐	xiǎojiě	*n.*	madam, miss	12
小票	xiǎopiào	*n.*	receipt	15
下午	xiàwǔ	*n.*	afternoon	7
西边	xībiān	*n.*	west	9

写	xiě	*v.*	to write	11
些	xiē	*mw.*	some	4
谢谢	xièxie	*v.*	to thank	3
西瓜	xīguā	*n.*	watermelon	13
喜欢	xǐhuan	*v.*	to like	5
新	xīn	*adj.*	new	12
行	xíng	*v.*	okay，fine	3
行李	xíngli	*n.*	package	14
姓名	xìngmíng	*n.*	name	15
星期	xīngqī	*n.*	week	2
信用卡	xìnyòngkǎ	*n.*	credit card	15
学	xué	*v.*	to learn	6
学生	xuésheng	*n.*	student	11
学校	xuéxiào	*n.*	school	9
需要	xūyào	*v.*	to need	10

Y

呀	ya	*part.*		8
颜色	yánsè	*n.*	color	3
药	yào	*n.*	pill，medicine	10
要	yào	*v.*	to want	5
要	yào	*adv.*	will	8
也	yě	*adv.*	too，as well	1
一	yī	*num.*	one	2
一共	yígòng	*adv.*	altogether	3
一点儿	yìdiǎnr		a bit，a little	3
一定	yídìng	*adv.*	must	14
衣服	yīfu	*n.*	clothes	13
衣柜	yīguì	*n.*	wardrobe	13
颐和园	Yíhéyuán		The Summer Palace	14

以后	yǐhòu	*n.*	after	11
一路平安	yílù píng'ān		Bon voyage!	15
饮料	yǐnliào	*n.*	drink, beverage	13
英国	Yīngguó	*n.*	Britain	1
英国人	Yīngguó rén	*n.*	British	1
银行	yínháng	*n.*	bank	9
一起	yìqǐ	*adv.*	together	7
医生	yīshēng	*n.*	doctor	4
一下	yíxià		one time (used after a verb to show a tone of trying)	9
一言为定	Yìyánwéidìng		Deal!	8
医院	yīyuàn	*n.*	hospital	4
一直	yìzhí	*adv.*	straight; continually	6
有	yǒu	*adv.*	to have	3
右	yòu	*n.*	right	6
有点儿	yǒu diǎnr	*adv.*	a bit, a little	3
远	yuǎn	*adj.*	far	6
月	yuè	*n.*	month	2
愉快	yúkuài	*adj.*	fun, joyful	14

Z

再	zài	*adv.*	again	5
在	zài	*prep.*	in, at (somewhere)	4
在	zài	*adv.*	(symbol of progressive tense)	7
脏	zāng	*adj.*	dirty	13
早	zǎo	*adj.*	early	13
早上	zǎoshang	*n.*	(early) morning	15
怎么	zěnme	*adv.*	how	6
怎么样	zěnmeyàng	*adv.*	how	5

站	zhàn	*n.*	station	6
张	zhāng	*mw.*	piece (a measure word for paper)	12
长	zhǎng	*v.*	(Sb.) to look (like) ...	7
找	zhǎo	*v.*	to look for	8
着急	zháojí	*adj.*	worry	9
这	zhè	*pron.*	this	3
这里	zhèlǐ	*n.*	here	6
真	zhēn	*adv.*	really	5
正	zhèng	*adv.*	in the process of	7
证件	zhèngjiàn	*n.*	Identity card	15
知道	zhīdào	*v.*	to know	13
只	zhǐ	*adv.*	only	11
种	zhǒng	*n.*	kind, type	3
中文	Zhōngwén	*n.*	Chinese (language)	11
周	zhōu	*n.*	week	7
周末	zhōumò	*n.*	weekend	9
祝	zhù	*v.*	to wish	14
桌子	zhuōzi	*n.*	table	9
注意	zhùyì	*v.*	to take care of (sth.)	15
自由	zìyóu	*adj.*	free	14
自己	zìjǐ	*pron.*	self	14
走	zǒu	*v.*	to walk	6
最近	zuìjìn	*adv.*	lately	8
坐	zuò	*v.*	to sit	6
左	zuǒ	*n.*	left	6
昨天	zuótiān	*n.*	yesterday	10
左右	zuǒyòu	*adv.*	about, or so	12

补充词汇表[*] Supplementary Words

词汇表	拼音	词性	翻译	所在课
A				
安徽黄山	Ānhuī Huángshān		Anhui Huangshan Mountain	14
B				
薄	báo	*adj.*	thin	14
背	bèi	*n.*	back	10
杯子	bēizi	*n.*	cup	9
本	běn	*mw.*	(a measure word for books, etc.)	6
便利店	biànlìdiàn	*n.*	The convenience store	9
兵马俑	Bīngmǎyǒng		The Terra Cotta Warriors	14

注释(Notes):

* 编者按:补充词汇表收录了每课练习部分所使用的生词,这些词语中有一部分在后续的课文(正文)中也会出现,故本表和正文词汇表有所重叠。

The supplementary words list collects words from the exercises in each lesson. Some of the words will show up in the text of following lessons, therefore part of this list overlaps with the formal vocabulary list.

柏林	Bólín	*n.*	Berlin	15

C

餐厅	cāntīng	*n.*	restaurant	4
操场	cāochǎng	*n.*	playground	6
唱歌	chànggē	*v.*	to sing	7
长江三峡	Chángjiāng Sānxiá		Three Gorges of the Yangtze river	14
超市	chāoshì	*n.*	supermarket	6
城市	chéngshì	*n.*	city	14
吃饭	chī fàn	*v.*	to eat	2
窗户	chuānghu	*n.*	window	13
厨师	chúshī	*n.*	cook, chef	4

D

蛋糕	dàngāo	*n.*	cake	13
点心	diǎnxin	*n.*	dessert	13
东方明珠	Dōngfāng Míngzhū	*n.*	The Oriental Television Tower	6
肚子	dùzi	*n.*	belly	10

E

饿	è	*adj.*	hungry	12

F

发车	fāchē	*v.*	(a train) to depart	15
放假	fàngjià	*v.*	to take a holiday	12

放学	fàngxué	*v.*	to finish school	12
复习	fùxí	*v.*	to review	12

G

钢琴	gāngqín	*n.*	piano	11
胳膊	gēbo	*n.*	arm	10
宫保鸡丁	gōngbǎo jīdīng	*n.*	fried diced chicken with peanuts	5
工程师	gōngchéngshī	*n.*	engineer	4
工商银行	Gōngshāng Yínháng	*n.*	ICBC (Industrial and Commercial Bank of China)	9
公司	gōngsī	*n.*	company	4
购物	gòuwù	*v.*	to do shopping	12
逛街	guàngjiē	*v.*	to go shopping	7&8
桂林山水	Guìlín Shānshuǐ		Guilin landscape	14

H

杭州西湖	Hángzhōu Xīhú		Hangzhou west lake	14
红酒	hóngjiǔ	*n.*	red wine	13
后天	hòutiān	*n.*	the day after tomorrow	2
画	huà	*v.*	to draw	11
回家	huí jiā	*v.*	to go home	12
火车票	huǒchēpiào	*n.*	train ticket	15
护照	hùzhào	*n.*	passport	7

I

J

寄	jì	*v.*	to mail, to post	12
肩膀	jiānbǎng	*n.*	shoulder	10
健身	jiànshēn	*n.*	fitness	8
脚	jiǎo	*n.*	foot	10
饺子	jiǎozi	*n.*	dumpling	3
郊游	jiāoyóu	*n.*	excursion	7
鸡蛋汤	jīdàntāng	*n.*	egg soup	5
姐姐	jiějie	*n.*	elder sister	4
警察	jǐngchá	*n.*	police	4
九寨沟	Jiǔ Zhài Gōu		Jiuzhaigou Valley	14
聚餐	jùcān	*n.*	dinner party	8

K

咖啡厅	kāfēitīng	*n.*	cafe	8
开车	kāichē	*v.*	to drive the car	11
考试	kǎoshì	*v.* & *n.*	(to take) exam	12
烤鸭	kǎoyā	*n.*	roast duck	5
可乐	kělè	*n.*	coke	3
快递员	kuàidìyuán	*n.*	express deliver	4
筷子	kuàizi	*n.*	chopsticks	11

L

篮球	lánqiú	*n.*	basketball	7
老师	lǎoshī	*n.*	teacher	4
蜡烛	làzhú	*n.*	candle	13
旅行	lǚxíng	*v.*	to travel	12

旅游	lǚyóu	*n.* & *v.*	(to) travel	6

M

麦片	màipiàn	*n.*	cereal	3
麻将	májiàng	*n.*	Mahjong	11
馒头	mántou	*n.*	steamed bread	5
猫	māo	*n.*	cat	9
妹妹	mèimei	*n.*	younger sister	4
门牌	ménpái	*n.*	doorplate	7
面条	miàntiáo	*n.*	noddles	5
明天	míngtiān	*n.*	tomorrow	2
名字	míngzi	*n.*	name	1

N

那个	nàge	*pron.*	that one	3
年	nián	*n.*	year	2
牛奶	niúnǎi	*n.*	milk	3
纽约	Niǔyuē	*n.*	New York	15

O

欧元	Ōuyuán	*n.*	Euro	12

P

朋友	péngyou	*n.*	friends	1
啤酒	píjiǔ	*n.*	beer	11
乒乓球	pīngpāngqiú	*n.*	tabletennis	7

Q

钱包	qiánbāo	*n.*	purse，wallet	9
前天	qiántiān	*n.*	the day before yesterday	2
签证	qiānzhèng	*n.*	visa	12
起床	qǐchuáng	*v.*	to get up	2
气球	qìqiú	*n.*	balloon	13

R

日元	Rìyuán	*n.*	JP Yen	12

S

散步	sànbù	*v.*	to go for a walk	8
三明治	sānmíngzhì	*n.*	sandwich	3
沙发	shāfā	*n.*	sofa	9
上海博物馆	Shànghǎi Bówùguǎn		The Shanghai museum	14
上午	shàngwǔ	*n.*	morning	2
身份证	shēnfènzhèng	*n.*	ID card	11
生煎	shēngjiān	*n.*	fried dumplings	5
时间	shíjiān	*n.*	time	2
食堂	shítáng	*n.*	Dining hall	6
手	shǒu	*n.*	hand	10
双	shuāng	*mw.*	pair	3
书包	shūbāo	*n.*	bag	9
睡觉	shuìjiào	*v.*	to sleep	2
司机	sījī	*n.*	driver	4
苏州园林	Sūzhōu Yuánlín		Suzhou gardens	14

T

弹	tán	*v.*	to play (piano)	11
踢	tī	*v.*	kick	7
跳舞	tiàowǔ	*n.*	dancing	7
停运	tíngyùn	*v.*	(flight/train/ship) out of service	15
体育馆	tǐyù guǎn	*n.*	gym	6
腿	tuǐ	*n.*	leg	10

U

V

W

晚上	wǎnshang	*n.*	evening, night	2

X

小杨生煎	Xiǎoyáng Shēngjiān		Yang's Fried-Dumpling	14
夏天	xiàtiān	*n.*	summer	15
下午	xiàwǔ	*n.*	afternoon	2
鞋	xié	*n.*	shoe	3
学生证	xuéshengzhèng	*n.*	Student card	7
学校	xuéxiào	*n.*	school	4

Y

牙	yá	*n.*	tooth	10
腰	yāo	*n.*	waist	10
一趟	yí tàng		(by time for trip)	15
意大利面	yìdàlìmiàn	*n.*	spaghetti, Pasta	3
英镑	yīngbàng	*n.*	GB Pound	12
银行	yínháng	*n.*	bank	6
银行卡	yínhángkǎ	*n.*	bank card	11
椅子	yǐzi	*n.*	chair	9
游泳	yóuyǒng	*n. & v.*	swimming; to swim	7
游泳馆	yóuyǒngguǎn	*n.*	swimming pool	8
运动	yùndòng	*n.*	sport; go on exercises	2

Z

再见	zàijiàn	*n.*	goodbye	1
早上	zǎoshang	*n.*	(early) morning	2
这个	zhège	*pron.*	this one	3
证件	zhèngjiàn	*n.*	certificate	12
中国	Zhōngguó	*n.*	China	1
中午	zhōngwǔ	*n.*	noon	2
著名	zhùmíng	*adj.*	famous	14
准备	zhǔnbèi	*v.*	to prepare	13
昨天	zuótiān	*n.*	yesterday	2
足球	zúqiú	*n.*	football	7

汉字总表 List of Characters

数字

一 二 三 四 五 六 七 八 九 十

第一课

你 好 我 他 她 是 也 不 认 识

第二课

现 在 几 点 分 半 上 下 课 今 天 月 号 回 国

第三课

买 多 少 什 么 有 大 小 的 个 两 共 块 钱 谢

第四课

家 口 人 爸 妈 和 没 谁 岁 工 作 都 医 生 院

第五课

您 这 那 菜 单 请 还 要 别 再 快 儿 想 吃 很

第六课

问 去 怎 走 直 往 左 右 从 到 远 坐 地 铁 站

第七课

朋 友 喜 欢 打 球 吗 跟 起 可 以 次 吧 高 兴

第八课

对 哪 位 周 午 啊 见 面 行 找 开 会 时 候 来

第九课

手 机 呢 包 里 桌 子 电 脑 旁 边 看 着 急 玩

第十课

了 舒 服 头 疼 能 药 算 帮 假 觉 得 昨 用 片

第十一课

说 中 文 借 书 本 卡 厅 就 办 班 明 后 同 学

第十二课

换 民 币 千 万 零 美 元 带 护 照 先 给 客 气

第十三课

把 孩 衣 洗 碗 杯 题 们 饭 早 过 水 果 忘 记

第十四课

马 放 暑 期 计 划 实 习 海 南 旅 游 真 长 城

第十五课

航 空 公 司 需 订 张 北 京 票 等 晚 出 发 场

句型、注释及对应语言点汇总
Summary of Language Points

出现课	句型/注释	对应语言点
第 1 课	你叫什么名字？ 我叫马克。	询问/介绍姓名
	她是李佳。 他是美国人。	“是”字句
	你是英国人吗？ 我是英国人。	“是”字句的疑问形式及肯定回答
	你是王浩明吗？ 我不是王浩明。	“是”字句的否定回答
	你是哪国人？ 我是中国人。	用“哪”的特殊疑问句
	注释“呢”	用“呢”重复问题
第 2 课	数字 1—100	数字的表达
	现在几点？ 现在八点。	钟点的表达
	你几点下课？ 我十点半下课。	时间状语
	今天星期几？ 今天星期一。	星期的表达

（续表）

出现课	句型/注释	对应语言点
第 2 课	今天几月几号？ 今天九月二十八号。	月份的表达
	你几号回国？ 我九月十七号回国。	日期作为时间状语
	注释“号”	完整日期的表达方法及顺序
第 3 课	元/块　角/毛　分	钱的表达
	你买哪种？ 我买大的。	用“形容词 + 的”回答特殊疑问句
	面包多少钱一个？ 十块一个。	询问及表达价钱的方法
	你买几个？ 我买两个。	数量的询问及表达
	请问您买什么？ 我买一件毛衣。	数 + 量 + 名
	你买什么颜色的？ 我买白的。	颜色的询问及表达
	这件有点儿小，有大的吗？	“有(一)点儿”表程度
	太贵了，便宜一点儿吧。	“太…了”/ 形容词 ＋ “一点儿”
	注释“量词”	量词
	注释“两/二”	“二”和“两”的区别
	注释“很”和“太”	程度副词“很”和“太”

（续表）

出现课	句型/注释	对应语言点
第4课	你有姐姐吗？ 我没有姐姐。	"有"字句
	你家有几口人？ 我家有五口人。	询问家庭人数
	你弟弟多大？ 我弟弟十五岁。	年龄的询问及表达
	你爸爸在哪儿工作？ 我爸爸在医院工作。	地点状语
	我和他都是美国人。 我们都在学校工作。	"都"表示同样情况
	注释"口/个"	"人"及家庭成员的量词
	注释"多大/多大年纪/几岁"	对不同人询问年龄的方法
	注释"主语＋在＋处所＋动词"	地点状语的位置
第5课	还要别的吗？ 再要一碗米饭。	副词"还"和"再"表"额外"
	请快点儿上菜。 请快点儿开门。	"快点儿"＋动词 表催促
	你想吃什么？ 我想吃麻婆豆腐。	用"想"的连动句
	糖醋排骨怎么样？ 这个菜很甜。	形容词谓语句
	我爱/不爱吃辣的。 我喜欢/不喜欢吃辣的。	连动句的否定形式
	注释"动词重叠"	动词重叠表"尝试"

（续表）

出现课	句型/注释	对应语言点
第6课	请问去图书馆怎么走？ 一直往前走，第一个路口向左拐。	用“怎么”+动词 询问方式
	从这里到图书馆有多远？ 不远，大约200米。	“从…到…” “多”+形容词 询问程度
	你是美国人吧？ 你是医生吧？	语气词“吧”用在问句尾表示推测
	请给我发票。 请给我菜单。	双宾语句
	注释“吧”	语气词“吧”用在问句表示推测
第7课	他长得挺帅的。 这个菜挺辣的。	“挺…的”表程度
	他在打网球。 我们在上课。	“在”+动词 表动作进行
	下次我们可以和他一起打网球。 我们可以八点吃饭。	能愿动词“可以”
	我和他一起跑步。 我和他一起上课。	“和…一起”+动词
	我们去打网球。 我们去吃饭。	连动句
	我们去打网球吧。 我们回家吧。	语气词“吧”用在陈述句尾表建议
	他正跑步呢。 他正看书呢。	“正(在)+动词+呢”表动作进行
	注释“形容词重叠”	形容词重叠表程度深及感情色彩
	注释“每…都…”	代词“每”的用法及搭配

（续表）

出现课	句型/注释	对应语言点
第8课	我们几点见面？ 我们两点见面。	时间状语（复习）
	我们在哪儿见面？ 我们在网球场见面。	地点状语（复习）
	我们两点在网球场见面。 下午五点半在餐厅吃饭。	时间状语＋地点状语＋动词
	她快要回来了。 她快回国了。 他要下课了。	“快要…了”、“快…了”、“要…了”表示即将发生
	你找我有什么事？ 他找艾米丽。	“找”＋人称宾语
	他可能有事。 她可能没有回家。	副词“可能”
第9课	我的手机在哪儿？ 在电脑旁边。	方位的询问及表达
	我的手机呢？ 你的手机在桌子上。	用“呢”询问方位
	别着急。 别去开会。	“别”＋动词 表“劝止”
	我家附近有超市和学校。 学校附近有车站和书店。	处所＋“有”＋事物 表“存在”
	超市南边还有一家银行。 医院旁边有一家餐厅，还有一个公园。	“还有”用于存现句表“额外”
	注释“了”	语气助词“了”用于句尾表事情的发生及情况的出现

（续表）

出现课	句型/注释	对应语言点
第10课	你怎么了？ 我有点儿不舒服。	用"怎么了"询问（消极的）情况
	可能是发烧了。 马克可能生病了。	副词"可能"用于对已发生事情的推断
	我帮你请假吧。 他帮我买早饭。	动词"帮"的用法
	我咳嗽，觉得嗓子疼。 她觉得肚子疼。	心理动词"觉得"的用法
	一天三次，一次两片。 一天四次，一次四片。	动量词"次"
	注释"就"	副词"就"用于动词前表示容易达成
第11课	你会说汉语吗？ 你会唱歌吗？	能愿动词"会"
	我能说一点儿汉语。 我能看见天上的飞机。	能愿动词"能"
	你打算借书吗？ 我打算去超市。	"打算"+动词
	我想借几本汉语书。 他想办卡。	"想"+动词
	你能陪我去图书馆吗？ 你能陪我一起打网球吗？	"陪…（一起）"+动词
	注释"会"和"能"	能愿动词"会"和"能"的差别
	注释"几"	"几"表不定的数目

（续表）

出现课	句型/注释	对应语言点
第 12 课	请先填一下这张表。 我们先吃饭，然后看电影。	“先…然后…”
	您可以换一万两千四百零一点六元人民币。 从上海到纽约有一万四千五百公里。	大数字的表达
	我要办一张新卡。 天黑了，我要回家。	“要”+动词
	我要看一次医生。 请您再说一遍。 我的护照丢了，我要去一趟大使馆。	动量词“次”、“趟”、“遍”
第 13 课	把地板擦一下儿。 把衣服给我。	“把”字句的基本形式
	还要把碗、勺子、筷子放在桌子上。 孩子把书放在地板上。	“把”+宾语+动词+“在”+处所
	把杰克的新衣服挂到衣柜里。 请把脏衣服放到洗衣机里。	“把”+宾语+动词+“到”+处所
	注释“把”字句	“把”字句的结构和用法

（续表）

出现课	句型/注释	对应语言点
第 14 课	真多啊！真快啊！ 太美了！太大了！	“真…啊！”和“太…了！”表感叹
	你去没去长城？ 你吃没吃饭？	正反疑问句
	我想跟艾米丽一起去。 我打算跟家人一起吃饭。	比较“想”和“打算”
	你去不去？ 你吃不吃？	动词的正反问形式
	你吃过烤鸭吗？ 我没吃过烤鸭。	动词 +“过”
	北京的景点多不多？ 超市的苹果甜不甜？	形容词的正反问形式
	注释“还是”	“还是”+动词表比较后作出选择
第 15 课	您要早班的还是晚班的？ 这个暑假你要旅游还是工作？	用“还是”的选择疑问句
	请告诉我您的姓名、证件号码。 昨天是圣诞节，艾米丽送了李佳一个礼物。	双宾语句（复习）
	时间不早了，我该去登机了。 时间不早了，我该回家了。	“该…了”
	九点四十飞机就要起飞了，别耽误了航班。 还有五分钟火车就要出发了。	时间短语 +“就要”+动词 +“了”
	注释“动词 + 好”	动词 +“好”作补语表达到目的

听力文本 Listening Script

第五课

2. 听录音，回答问题。

   (1) 女：我想吃辣的。

   (2) 女：我要一碗米饭。

   (3) 女：我要鱼香肉丝和宫保鸡丁。

第六课

2. 听录音，判断正误。

   男：师傅，你好，我要去外滩。

   女：好的。

   女：你是去看东方明珠吧。

   男：是的。

   女：你在中国旅游吗？

   男：不是，我在中国学习汉语。

第七课

1. 听录音，回答下面的问题。

   女：李明跟我们一起去跑步吗？

   男：去，他正吃饭呢。我们可以等一等。

   女：我给他打个电话吧。

   男：好的。

   女：他的电话号码是多少？

   男：他的电话号码是 159－218－52869。

第八课

2. 听录音，判断正误。

女：喂，马克，你好。

男：你好，李佳。你找我有什么事？

女：我们中午一起去吃饭，好吗？

男：不行，我中午要工作，晚上怎么样？

女：好呀，我们晚上7点在餐厅见面，可以吗？

男：好，晚上见。

第九课

2. 听录音，判断正误。

女：你好！请问附近的便利店在哪儿？

男：一直往北走就到了。

女：在工商银行的旁边吗？

男：不，在工商银行的对面，旁边是一个咖啡厅。

女：好的，谢谢。

第十课

2. 听录音，回答问题。

女：你怎么了？

男：我昨天淋雨了，头有点疼。

女：你可能感冒了，你吃药了吗？

男：没有。我打算去医院看医生。

女：恩，我帮你请假吧。

男：好的，谢谢你。

第十一课

3. 听录音，判断正误。

(1) 女：我打算去图书馆借书，你可以陪我去吗？

男：可以。

(2) 女:你带学生卡了吗?

男:没有,我带了身份证。

(3) 女:请问学生证什么时候可以办好?

男:五个工作日可以办好。

第十二课

3. 听录音,选择正确答案。

(1) 女:先生,你有什么需要?

男:我的卡丢了,我要办一张新卡。

(2) 男:你好,我要办一张新卡。

女:请稍等,首先请您出示护照,然后填写申请表。

(3) 男:请问护照多久能办好? 我有点着急。

女:今天是 1 号,15 天左右能办好。

第十三课

2. 听录音,回答下面的问题。

男:阿姨,请把房间打扫一下儿。

女:好,这些衣服需要洗吗?

男:要,洗完了放在衣柜里,好吗?

女:好的,今天要做饭吗?

男:不用了,今天中午我们去看电影。

第十五课

3. 听录音,判断正误。

(1) 男:我的行李超重了吗?

女:没有,这是您的登机牌和行李托运小票,请拿好。

(2) 女:你的宾馆订好了吗?

男:订好了,昨天在网上订的,网上说很干净,交通也很方便。

(3) 男:朋友们,时间不早了,我该去登机了。

女:去吧,六点四十飞机就要起飞了,别耽误了航班。

每课汉字能组成的句子(供参考)
Write Sentences with the Chinese Characters

数字

一 二 三 四 五 六 七 八 九 十

(1 –99 之间的任意数字)

第一课

你 好 我 他 她 是 也 不 认 识

你好。 我是【自己的名字】。 他不认识我。 她也不认识我。

第二课

现 在 几 点 分 半 上 下 课 今 天 月 号 回 国

现在几点? 现在九点二十分。 我八点半上课,十点下课。

今天几月几号? 你几号回国?

第三课

买 多 少 什 么 有 大 小 的 个 两 共 块 钱 谢

你买什么? 你有大/小的吗(ma)? 你买几个? 一共多少钱?

两块五。 谢谢。

第四课

家 口 人 爸 妈 和 没 谁 岁 工 作 都 医 生 院

你家有几口人? 我家有爸爸、妈妈和我。 你多大? 我二十岁。

他是谁? 她在医院工作。 我和他都不是医生。

第五课

您 这 那 菜 单 请 还 要 别 再 快 儿 想 吃 很

您好。 这/那是菜单。 请点菜。 还要别的吗(ma)?

请快一点儿。 你想吃什么? 这个菜很好吃。

第六课

问 去 怎 走 直 往 左 右 从 到 远 坐 地 铁 站

请问,去那儿怎么走? 一直走。 往左/右走。 从这儿到地铁站不远。

我坐地铁去医院。

第七课

朋 友 喜 欢 打 球 吗 跟 起 可 以 次 吧 高 兴

你的朋友喜欢打球吗? 可以跟你一起打球吗? 下次一起打球吧。

认识你很高兴。

第八课

对 哪 位 周 午 啊 见 面 行 找 开 会 时 候 来

对不对? 您哪位? 周五下午见面行吗? 你找谁?

你们什么时候开会? 你下午来这儿吗? 好啊!

第九课

手 机 呢 包 里 桌 子 电 脑 旁 边 看 着 急 玩

我的手机呢?/我的手机在哪儿? 在包里。 在桌子上。 在电脑旁边。

你看,在这儿。 别着急。 你去哪儿玩儿?

第十课

了 舒 服 头 疼 能 药 算 帮 假 觉 得 昨 用 片

我有点儿不舒服。 我头疼。 你打算吃药吗? 你能帮我请假吗?

我觉得不舒服。 昨天我去医院了。 不用吃药。 吃几片药?

第十一课

说　中　文　借　书　本　卡　厅　就　办　班　明　后　同　学

你会说中文吗？　　你打算借几本中文书？　　我要办借书卡。

在大厅就可以办卡。　　明天见。　　你几点下班？　　我的同学下课以后来。

第十二课

换　民　币　千　万　零　美　元　带　护　照　先　给　客　气

我要换人民币。　　一万两千零二十四美元。　　你带护照了吗？

请先给我钱。　　别客气。

第十三课

把　孩　衣　洗　碗　杯　题　们　饭　早　过　水　果　忘　记

把孩子的衣服洗一下。　　把碗和杯子洗一下。　　没问题。

你们吃过早饭了吗？　　我喜欢吃水果。　　别忘记洗衣服。

第十四课

马　放　暑　期　计　划　实　习　海　南　旅　游　真　长　城

马上就要放暑假了。　　假期你有什么计划？　　我想去实习。

我想去海南旅游。　　长城真长啊！

第十五课

航　空　公　司　需　订　张　北　京　票　等　晚　出　发　场

他在航空公司工作。　　你需要订几张去北京的机票？　　等一下。

你晚上几点出发？　　从这儿到机场太远了。